パズるの法則

奇跡は常に2人以上

ひすいこたろう
×
吉武大輔

大和書房

「我々はみな、たがいにひとつ。そのことを見失うな」

――ネイティブアメリカンのことわざ

ある国の青年が、どんな願いでも叶えてくれるという魔法使いに、悩みを打ち明けていました。

「魔法使いさん、ボクのコンプレックスを聞いてください。
実は、ここだけの話、背が低いのが悩みなんです。
顔はパーフェクトなので、後は身長さえ高ければイケてるはずなんです。
どうか、ボクの身長を伸ばしてもらえませんか？」

魔法使いは「まずは何とかするのは顔だろ」と思いながらも、青年の望みどおりに
魔法をかけてあげました。

「わー、みるみる大きくなっていく！
これでボクの人生は変わります！
魔法使いさん、ありがとうございます!!」

青年は、長年のコンプレックスが解消され、意気揚々《いきようよう》と自分の国に帰りました。
ところが周囲の反応は青年の思惑とはまったく違うものでした。
「ん？　言われてみれば、大きくなったね」
その程度のリアクションに、青年はショックを受けます。

コンプレックスが解消されても、青年が想像していたようには人生は変わらなかったのです。大きくなっても、幸せになれないことに気づいた青年は、再び魔法使いのもとを訪れました。

「問題は大きさじゃなかったんですね。きっとボクのカタチが良くなかったんだ。
ボクのカタチは、右にも左にも下にも、3つも欠けている凹《ぼこ》がある。
いいのは顔だけです……。
この凹《へこ》んだところをなくして、かっこいい凸《でこ》を増やすことはできませんか？
そうしたら、今度こそパーフェクトです」

魔法使いは、「そうかそうか」と笑いながら、青年にまた魔法をかけてあげました。

「魔法使いさん、これです、これ！
ボクがなりたかった理想のカタチはこれです！
かっこ悪い凹が減り、代わりに出っ張った凸が6つになりました。
ク――――、カックイイ!!
このカタチで、このルックス、これでボクは一生ハッピーです！」

けれども、この青年に、幸せが訪れることはありませんでした。

「アイツ、なんかすごくなって帰ってきたけど、ヤバくない？」

「そもそも、元々のアイツって、どんな感じだったっけ？」

コンプレックス（凹）がなくなり、すごいところ（凸）が増えさえすれば、一躍《いちやく》有名になって幸せになれると思っていたのに、むしろ周りの人と距離ができてしまった青年は、また頭を抱えました。

何がいけないんだろう……。


そうか！

自分に問題がないとすると、環境がいけなかったんだ！

今度は新しい環境に変えてもらおう。

青年は、再び魔法使いのもとを訪ねると、こう聞かれました。

「いよいよ顔をなおしにきたんじゃな？」

「魔法使いさん、ルックスは心配ご無用です。もう、考えられることはひとつしかないんです。ボクの置かれている環境が間違っていたんです。新しい環境をください！」

魔法使いは、「そうかそうか」と笑いながら、青年にまた魔法をかけてあげました。

青年が目を開けると、そこには見たことのない景色が広がっていました。

「よしよし、今度こそ、ボクらしい人生を歩めるんだ！」

彼は、ワクワクしてきました。

……さて。

青年は本当に幸せになれたのでしょうか？

いえ、残念ながらなれませんでした。
なぜなら、分かち合える思い出もすべて一緒に消えてしまったからです。
その国では、誰も彼のことを知りませんでした。
彼が小さい時に遊んだあの川や森も、
友だちとケンカをして親に怒られた思い出も、
初恋だったあの子に告白してフラれた場所も、
すべてなくなってしまったからです。

青年は自分が嫌いでした。
そして、自分のことを認めてくれない環境も嫌だった。
だから、すごくなろうとがんばってきたのに、
大きくなっても幸せになれない……。
望むカタチになっても幸せになれない……。
環境を変えても幸せになれない……。
いいのは顔だけ……。

青年は途方にくれながらもまた魔法使いのもとを訪ねますが、魔法使いは何度もやってくる青年に呆《あき》れ顔。「魔法をかけるのはこれが最後だぞ」と言われてしまいます。

さあ、ここまで読み進めてくれたあなたに質問です。
この青年はどう願えば、幸せになれるんでしょうか？
この青年がハッピーになる願い方を、ズバリ教えてあげてください。
これが最後のチャンスです。

え？　顔を変えてください？

違います！
何度も言いますが
顔はパーフェクトです。

え？
何？　何？
それ、それです！
今度は正解です。

この青年は、魔法使いにこう願えばハッピーになれるのです。

「魔法使いさん、
お願いがあります。
ボクを元の姿、元の場所に
戻してください」

この青年の物語は、実は、ボクらの物語です。
ボクらは、この青年のようなことをこれまでずっと繰り返していたのです。

誰かになろうとして、自分を置いてけぼりにしてきた。
自分じゃない何かになろうとしていた。
努力しないと愛されないと思って、一生懸命努力してきた。
でも、どれだけがんばっても、
心から満たされることはなかったのではないでしょうか。

実は、ボクらが一番幸せになることができるのは、元々の「自分のカタチ」を生きる時なんです。
人生をジグソーパズルに置き換えると、そのことがはっきりわかります。

もし、あなたというパズルのピースが、他のカタチになってしまったり、本来の位置（環境）と違う場所にあったら、パズルは永遠に完成しません。

あなたは、あなたの大きさで、あなたのカタチで、あなたに与えられた場所で生きることで、幸せになることができるのです。

この青年が周りの人（ピース）とつながり、幸せになれるカタチは最初のカタチだけなんです。

今、多くの人が、自分というピースだけに目を向けて幸せになろうとしています。

でも、人生がパズルだとするなら、
大切なのは自分のピースのカタチを受け入れ、周りのピースとつながっていくこと。
そのためには、「自分のカタチ」をありのままに受け入れる勇気を持って
「自分とつながること」。
そして、「相手のカタチ」をありのままに受け入れ、認める思いやりを持って
「相手とつながること」です。

それが自分を生きることであり、
周りのカタチを活かすことになります。
それこそが本当に幸せな「生活」です。

自分のカタチを生き始めると、周りとカチッとつながり始めて、
「なんだ！　自分は単なる1つのピース（かけら）じゃなかった！
自分は、美しいパズル全体の一部だったんだ！」
という気づきが起こります。

ピースとピースがつながる時（本書ではこれを「パズる」と定義しています）に起きるもの、
それが「奇跡」と呼ばれるものです。

ようこそ、奇跡が日常になる「パズる」の世界へ。

はじめに

はじめまして。ひすいこたろうです。

ボクは、自分のことが嫌いでした。
赤面症でシャイで、思っていることを口に出せない……。
性格が暗いので、友だちができない……。
不器用すぎて、テレビの録画予約もできない……。
ボクは欠けているところばかり……。

こんなカタチは嫌だ。

そんな何もかもうまくいかない大学生の頃、ボクは旅に出ました。

旅先の山梨県の小さな湖を前に、気づいたらひとりで泣いていました。出口の見えない、寂しくて深い孤独感に襲われていたんです。


でも、今ならわかります。あの湖の前で泣いたあの日こそ、ボクの人生の名場面だった、と……。


ボクはこのカタチに生まれてきて良かった……。

シャイで、思っていることをすぐに口に出せなくて良かった。

だから、想いが内側に留《とど》まり、言葉が熟成されていった。

性格が暗くて良かった。

だから、どうしたら明るい考え方ができるか、ずっと探求してこれた。

不器用すぎて、あれもこれもできなくて良かった。

そのおかげで、ただひとつ、書くことだけは苦もなくずっと集中していられる。

おかげでボクは作家になれて、これまで本を50冊書けて、今日この本で、ついにキミとも出会えた。

ボクの「欠点」こそ、ボクとキミの出会いに「欠かせない点」だったのです。

実は、ボクは先生になりたかったんです。

でも、先生になるには教育実習をする必要があり、人見知りなボクは、当時、それは絶対に無理だと先生になることをあきらめたんです。

でも、ボクが先生になっていたら……。

この本は生まれておらず、今日、キミと出会うことはなかったでしょう。

人見知りなら人見知りで、自分のカタチをちゃんと活かす道が必ずあるのです。

先生も作家も職業は違えど「大切なことを伝える」という点ではまったく同じ仕事です。

ただ、ボクのカタチに合うのは作家だったというわけです。

ボクらは、これまで「こんな欠けてばかりいる自分じゃダメだ」「凹がいっぱいある自分じゃダメだ」と自分を責めて、凸ばかりになるように成長しようとがんばって生きてきました。

がんばったね。
本当におつかれさま。

でも、自分じゃないカタチになると、あなたの周りにいる人たち（他のピース）とつながれなくなり、人生というパズルは完成しなくなってしまうのです。

ボクらはそろそろ、その大いなる落とし穴に気づく必要があります。

あなたがありのままのカタチを受け入れれば受け入れるほど、周りの人たちとつながり、あなたという1つのピースが、実はパズルという全体の一部だったことに目覚めていきます。
そして、パズルという全体が完成して初めて、あなた自身も、あなたとつながっている人たちも、その美しさの一部だったことがわかります。

奇跡とは、パズルのピース（ボク）とピース（キミ）がカチッとつながる（パズる）時に起きる現象です。

あなたとあなたにとって大切な人が、本来の場所でつながった時に、奇跡としか言いようがない経験が訪れます。その奇跡にボクらを導いてくれるのが、「意味ある偶然の一致」と呼ばれる「シンクロ」です。

シンクロを頼りに、自分の居場所、自分のカタチを知る作業をしながら、その先にある1枚の作品（パズル）をつくり上げる奇跡を経験する。

それが「人生というパズル」の真実です。

ボクらは「個（ピース）」ではなく、「関係性（パズル）」の中で生きています。

だから、自分、自分、自分と、自分のことばかり考えて、自分のピースだけで何とかしようとしてもパズルは完成しないのです。

「自分は全体（パズル）の一部だった」

そのことに気づくことができたら、世界の見方が変わり、奇跡もシンクロも日常になります。だから、幸せになりたいと思ったら、自分のことだけを考えるのではなく、周りのピースとのつながりの中に、本当の自分を見出していくことが大切です。

経営の神様、ピーター・ドラッカーは、こう言っています。

「『私は』ではなく、『我々は』を考えることが大切だ」

「我々は」を考えていくとは、
「自分はどうしたいのか（ＭＥ）」を感じ、
「相手はどうしたがっているのか（ＹＯＵ）」を感じ、
そのうえで、
「私たちはどう生きていくのか（ＷＥ）」を考え行動していくことです。

ありのままの自分を受け入れ（My Happy）、
ありのままの相手も認め（Your Happy）、
そのうえで、私たちの幸せ（Our Happy）、
を見つけていきましょう。

この本は、時代を一歩前へ進めるために、作家・ひすいこたろうと、新時代のニューヒーロー・吉武大輔（大ちゃん）の2人がタッグを組んで執筆をした新時代のバイブルです。

ひすいこたろうと吉武大輔がつながり、編集者である滝澤さんとつながり、そのご縁の先に、読者である「あなた」がいてくれました。つまり、つながっていくほどに自分の面積は広がり、つながれる人が増えて、自分の可能性もまた広がっていくのです。

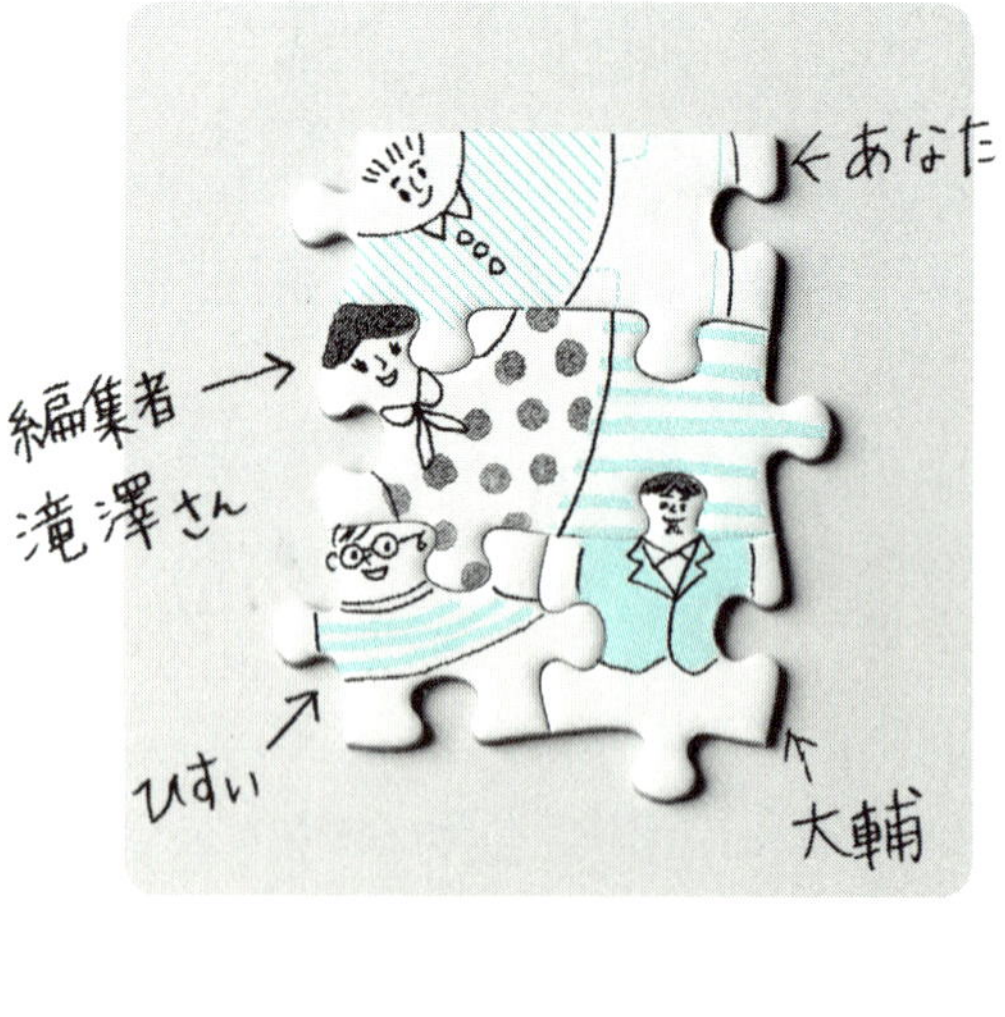

私たちが周囲とつながることで、「他人の可能性」がそのまま「自分の可能性」になる。

「1ピース」＝「自分」ではない。
「パズルの全体図」＝「自分」です。
「本当の自分」とは「私たち」だったんです。

この認識の変化こそ、シンクロと奇跡が起き放題になる、今の私たちに一番必要な革命（パラダイムシフト）です。

本書を通じて、自分のカタチを変えるのではなく、つながることで、自分の面積（可能性）を増やしていきましょう。

さあ、時代を一歩前へ進めよう。
美しく、やさしい絵画（パズル）の完成を一緒にお祝いしよう。
令和は、いよいよ「みんな、つながっているよ」という新しいものの見方に目覚める奇跡の時代です。

ひすいこたろう

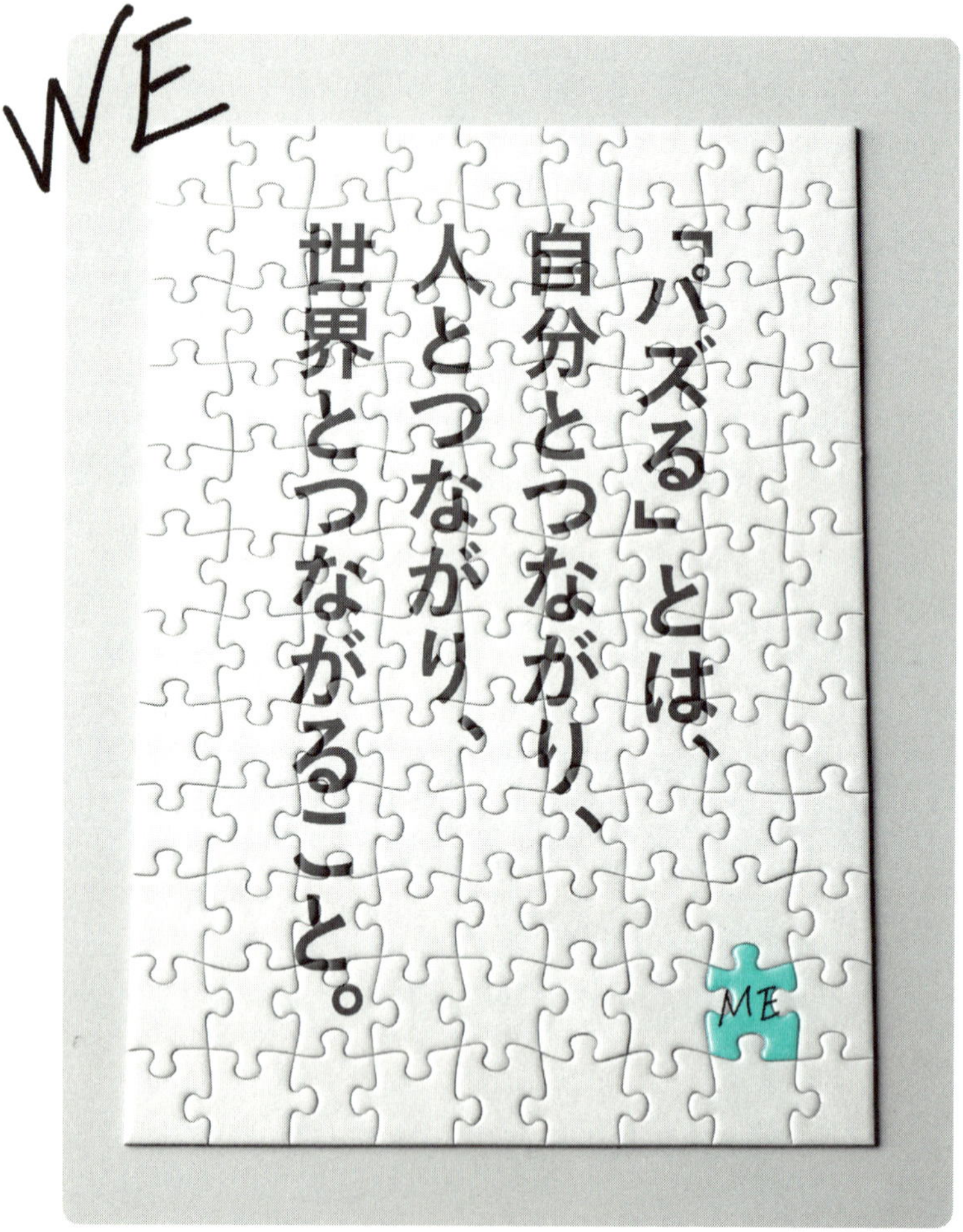
WE
「パズる」とは、
自分とつながり、
人とつながり、
世界とつながること。
ME

パズるの法則　目次

第2章

「勇気」と「思いやり」

第3章

奇跡を阻むもの

第4章

WEの世界の「ものの見方」

第5章

愛とはひとつであること

本書では、

のパートをひすいこたろうが、

のパートを吉武大輔が書いています。

第1章

奇跡は常に2人以上

成功と幸福

冒頭で、何でも願いを叶えてくれる魔法使いが現れましたよね。

もし、あなたの前にもその魔法使いが現れたら、あなたは何を願うでしょうか？


「3億円欲しい？」

はい、お望みのお金が現れました。

「フェラーリも欲しい？」

はい、お望みのフェラーリが現れました。

「海の見える別荘も欲しい？」

はい、お望みの別荘が現れました。

「10歳若返って、健康な体が欲しい？」

はい、お望みどおりになりました。


さて、ここで質問です。

願いを叶えたあなたは、本当に幸せになっているでしょうか?

どれだけ欲しいものが手に入ったとしても、あなたは「幸せじゃない」と答えるはずです。

もし、あなたが無人島でひとりぼっちだったなら。

一般的には、欲しかったものが手に入ったり、今までできなかったことができるようになることが「成功」だといわれます。

それは、もちろんうれしいことではありますが、それだけで、100%幸福になるわけではないのです。

なぜなら、本当の幸福は、「キミとボク」そのつながり(関係性)の中にしかないからです。

どんなものを手に入れても、海の見える別荘でフェラーリを乗り回しても、無人島でひとりならば、そこにあるのは虚《むな》しさと寂しさです。

『ドラえもん』の作品の中にも、こんな話があります。

自分にとって邪魔なものをこの世界から自由に消せる「どくさい(独裁)スイッチ」。

のび太は自分をいじめてくるジャイアンやスネ夫をカッとなって、世界から消してしまうのです。それだけではなく、弾みで「誰も彼もみんな消えちゃえ！」と言ってしまい、世界中の人を消してしまいます。

最初は誰もいなくなった世界で、好きなものを好きなだけ食べて、お店から好きなだけおもちゃを持ってきて遊ぶのですが、次第に寂しくなり、「ジャイアンでもいいから出てきてくれえ！」と泣き叫ぶのです。

でも、実はこれは、独裁者のためのスイッチではなく、独裁者を懲《こ》らしめるためのスイッチで、のび太が反省した時点で世界は元に戻ります。元に戻った世界で、ジャイアンとスネ夫がまた嫌味を言ってくるのですが、その時、のび太は笑顔でこう言うんです。

「周りがうるさいってことは楽しいね」

つながりの中にしか真の幸福はないのです。

1人でも生きることはできます。

でも、「生きがい」は人間関係の中にしかないんです。

人生最後の瞬間、「もっと仕事をすれば良かった」と後悔する人はいません。

多くの人は「もっと大切な人との時間を大切にすれば良かった」と後悔するそうです。

確かに、思い起こせば僕の後悔もそこにありました。

娘が小さい時、もっと一緒に遊んであげれば良かったと後悔が残っています。でも、気づいた時がタイミングです。「仕事ばかりしていて、遊んであげられなくてごめんね」と、娘が高校生になった時に手紙を書いて渡しました。何枚にも渡って想いを書き、作家として本を書くことに人生をかけていることも併せて伝え、僕の仕事についての想いも書きました。娘に手紙を渡すと、「手紙、長っ！」と言われて「作家なんだからもっと要点まとめて」とダメ出しを受けました（笑）。

でも、娘はそう笑いながらも、それからは一緒に出かけてくれるようになったんです。欲しかったものを手に入れたり、今までできなかったことができるようになるなど、一般的な「成功」を手に入れても、「関係性」が取り残されていたら、人生としては後悔が残るのです。

「成功とは、自分が望む成果を、自分が望むカタチ（スタイル）で達成すること」

これは、大ちゃんの「成功」の定義になるんですが、まさにそうなのです。

お金を稼ぐことを目的にして、大切な人との関係が壊れたのでは本末転倒です。望むものを得るだけではなく、望むものを得る時のスタイルや生き方が大事なのです。

以前やらせてもらったワークショップで、僕は参加者さんにこう伝えました。

「こんなことが叶ったらうれしいってものを、今からノートに書き尽くしてください。ここに書かなかったものは一生叶わないというつもりで願いをすべて書き尽くしてくださいね」

制限時間は15分。

あ、せっかくなので、あなたもここに書いてみてください。

ネタバレになるから、必ず書き終えてからこの先を読んでくださいね。

「書きましたか？　では質問です。願いが1つしか叶わないとしたら、この中でどれを選びますか？　そしてなぜその1つを選んだのか、理由も併せて考えてください」

ワークショップでそう伝えると、「え!!!　1つだけ!?」と会場がざわつきましたが、このワークを終えると、ある女性が僕にお礼を伝えにきてくれました。彼女は、小物や服をつくっている作家さんで、「どうしたら、もっと作品を多くの人に知ってもらえるだろう?」「どうしたらもっと作品を買ってもらえるだろう?」といつも考えていたのだそう。

でも、そうではなかった。「私が今、本当に大切にしたいのは家族でした。家族と向き合う時間を一番大切にします」と瞳をウルウルさせて伝えてくれました。

彼女は、本当の願いに気づいたのです。

彼女が本当に大切なものを大切にできた時、彼女の作品が発するエネルギーも変わります。すると、不思議と作品が広がり出したりするんですね。

あなたの心からの一番の願いは何でしたか?

それをどんなカタチで、どんなスタイルで叶えたいですか?

一番の願いを叶える過程で、どんな自分になりたいか、誰を幸せにしていきたいか、その関係性の中に本当の幸福（生きがい）があるんです。

奇跡は日常的に起きる

みなさん、はじめまして。吉武大輔です。

18歳の時に英語の教員を目指して上京しましたが、大学在学中にたくさんの出会いに恵まれ、教員にはならず、２０１０年に起業しました。

おかげさまで、これまで約10年間一度も就職することなく、複数の法人を創業し、講師業や経営コンサルティング、執筆、オンラインサロン、社団法人の運営などを中心に活動しています。

山口県出身で一人称が「わし」なので、本書の中でもたまに「わし」という表現が出てきますが、お付き合いくださいね（笑）。

さっそくですが、みなさんに質問です。

みなさんは「奇跡」という言葉に、どんなイメージを持っていますか？

常識では、考えられないようなこと？
自分の想像を超えた出来事？
目には見えない、何かの力が働くこと？

もしもみなさんが、「奇跡とは特別なもので、普段あまり起きないもの」「自分とは関係ないもの」というイメージを持っているのであれば、それは勘違いです。

奇跡は、日常的に起きるものであり、ある条件を満たすと、必ずと言っていいほどの確率で起きるものです。

その条件とは何かというと、これです。

わかりますか？
ちょっとわかりづらかったかな（笑）。
では、逆に、奇跡が起こらない状況を見てみましょう。
それがこれです。

もうおわかりでしょうか？

そう。

奇跡というのは、「ありのままの自分（ＭＥ）」と「ありのままの相手（ＹＯＵ）」がつながった時、つまり、
「奇跡は常に２人以上」で起きるものだということです。

今まで８０００人以上の人たちの「自分探し」や「本当の自分を生きること」「好きなことで起業する」ことをサポートしてきて、確信したことがあります。

それは、どれだけ勉強しても、努力しても、「自分の人生が変わらない」「良くならない」という人は、**「奇跡を１人で起こそうとしていた」**ということです。

新しい時代は、ひとりで生きるのではなく、大切な人たちとのつながりを感じながら生きていく時代です。つながりを感じながら生きていくと、当たり前に奇跡が起きる人生にシフトします。

そんな「奇跡が日常的に起きるためのパズるの法則」をお伝えするのがこの本です。

わしとひすいさんも、元々は読者と著者という関係でした。でも、知人の紹介という偶然から関係が始まり（ともこありがと）、今では公私ともに仲良くさせていただき、一緒に本を書くという奇跡を経験しています。

あなたも、この「パズる」という新しい時代の法則を取り入れることで、会いたかった人に自然と出会えるようになったり、やりたかったことができるようになったり、想像を超えるような出来事やチャンスに巡り合えるようになるでしょう。

本書を通じて、私たちの人生が本当は奇跡に満ちあふれているということを思い出すきっかけになれば、これ以上の喜びはありません。

自分の1%の直感を100%信じて行動する

この本を読むにあたり、ひとつだけ、みなさんに約束してほしいことがあります。

この約束は、わしがセミナーをする時に冒頭でいつもお伝えしていることで、初めてセミナーに参加された方の多くはたいていびっくりされます。

どんな約束かというと、こちらです。

「この本の内容は99%、読み流してください。

その代わり、本を読んだ時にあなたが感じた

1%の直感は、100%信じて行動してください」

これは、日常的に奇跡が起きるための大切な約束です。

みなさんは、これまでいろいろな本を読んだり、勉強をしたり、たくさん努力をしてきたと思います。でも、「逆上がりができるようになる5つのステップ」という本を100回読んでも、実際に練習しなければ逆上がりができるようにはならないように、行動しなければ現実は変わりません。

ですので、本書を読み進めるなかで、ご自身がふと感じた1%の直感を100%信じて行動してみてください。その直感がたとえ、やりたくないものであったり、理由がわからないものであったとしてもです。

今すぐにはその直感の意味がわからなかったとしても、行動すれば何らかの結果が生まれて、それが次の直感やシンクロを生み出すきっかけになります。

大切なのは、奇跡の起こし方を頭で理解することではなく、実際に私たちの人生で奇跡を経験することです。

本を読んでいる間に湧いてきた直感、たとえば

・あの人に連絡してみよう。

・あのことについて調べてみよう。

・欲しかったあれを買ってみよう。
・大切にしていたあれを手放そう。
・今日のご飯はお好み焼き！　広島風！
など、1％の直感を100％信じて行動してみてください。


懐かしい人の顔がふと浮かんだら、特に目的がなくてもその人に連絡をとってみる。

「イタリアに行きたい」と思ったら、行けるか行けないかは一旦置いて、まずは調べてみる。

部屋を片づけなきゃと思い立ったら、一旦この本を置いてでも片づけてみる。片づけている最中に続きが読みたくなったら、いつでも帰ってきてください（笑）。

このように、日頃から自分の直感を信じてすぐに行動する癖をつけると、小さなシンクロが日常的に起きるようになり、そのシンクロの先の大きな奇跡につながっていきます。

手始めに、ここまで読み進めて感じたこと、気づいたことをご自分のノートや手帳に書き出してみてください。

もちろん書き出して終わりではなく、1％の直感を100％信じて行動してみてくださいね。

それが記念すべき、奇跡への一歩目です。おめでとうございます😊。

関係性が深まるたびに奇跡は起きる《鬼嫁編》

大ちゃんから教えてもらったことのひとつに、**「すべての問題は、関係性を深めるために起きている」**ということがあります。

僕はこの言葉を、「関係性が深まった時（＝ピースがつながった時、つまりパズった時）に奇跡が起きる」という意味で実感しています。

ピースとピースがつながったら、パズルの絵柄が少しずつ見えてくるように、現実的にも見えてくる景色が変わっていきます。

少し長くなりますが、僕の実例でお伝えしましょう。

僕は、妻と価値観が合わず、離婚したいと思っていた時期がありました。何とか妻を変えようとして、４年以上ケンカの続く毎日を過ごしていました。そんな２００４年のある日のこと。心理学博士の小林正観《こばやしせいかん》先生の講演会に行き、そこで聞いた、たったひとつの「ものの見方」で妻との関係が激変したのです。正観先生は、こんな話をされたんです。

「人間は、けなされてばかりだと枯れてしまいますが、褒められてばかりでも天狗《てんぐ》になってしまいます。理想的なのは50％―50％の時。そして実は、どんな人でも、自分への賞賛が50％、逆風が50％になっている。宇宙は陰と陽が50％―50％で均衡《きんこう》して成り立っているからです」

最初は、この話を聞いて、失礼ながら「この先生は間違ってるなー」と思いました。というのは、僕はその頃、コピーライターとしての仕事が絶好調で、褒められることが多く、逆風が50％もあるとはとても思えなかったからです。

すると、正観先生はこう続けました。

「この話をすると、『それは間違っています』と言う人が必ずいます。そういう人は、逃げられないところに痛烈にあなたを批判してくれる人がいるはずです。たとえば……奥さまとか！」

50%―50%。これは人数のことじゃなくて、総量なんだそうです。たとえば「自分を賞賛してくれる人」が10人いて、「批判者」が1人だとしても、このたった1人がものすごい逆風を吹かしてくれているんだとか。そして、その1人はたいてい自分が避けて通れない、家庭や職場に存在していると……。

僕が仕事で褒められることが多いのは、妻が強力に逆風を吹かしてくれていたおかげだったのか……。

妻は、僕が成長するように、たった1人「逆風担当」として、孤軍奮闘《こぐんふんとう》してくれていたのか……。

それが事実かどうかはさておき、そう思ったら、価値観の違う妻を受け入れることができるようになったのです。仕事がこんなにも順調なのは、妻のおかげだったんだと思ったら、思わず彼女を抱きしめそうになったほどです（笑）。

すると、どうなったか？

当時、僕は通販会社に勤務するサラリーマンだったんですが、出版社に応募していた原稿が賞を受けたのです。そして『3秒でハッピーになる名言セラピー』（ディスカヴァー・トゥエンティワン）という本で作家デビューを果たし、しかも本が売れないといわれるこの時代に、4冊連続ベストセラーになるという奇跡を経験したのです。

鬼嫁（笑）をありのままに受け入れることができた時に、僕の人生は激変していました。

この当時、まだ彼女の性格は変わらなかったのですが、ありのままの妻を僕が受け入れることができたことで、ケンカをすることが少なくなり、お互いに笑顔が増えたのです。

そしてこの後、さらに奇跡は続きます。

僕の本は「読みやすい」とよく褒められます。それは普段、本を読まない人も楽しく読めるように意識して文章力を磨いてきたからです。でも、僕自身は本をよく読むので、どうしてこんなにも本を読まない人のことをいつも意識して、伝え方を工夫しているんだろうと考えていた時に、ハッと気づいたんです。

「僕は、本嫌いの妻でも読める本を書けるようになりたかったんだ……」と。

「わかりやすく楽しく伝えたい」、その想いの背後にある自分の愛に気づいた時、なんだか泣けてきました。

自分の価値観と合わない人にもメッセージが届かないとベストセラーにはなりません。でも、うちの場合は、いつも一番近くに価値観が合わない人がいてくれるおかげで、妻に何と言ったら伝わるだろうと考える習慣ができていたんです。作家である僕にとって、価値観の合わない妻こそ、最高のパートナーだったんです。

そのことに気づいた時、妻に対して「ありのままの彼女を受け入れよう」どころか、「そのままのキミでいてくれてありがとう」という心からの感謝があふれ、涙が出ました。すると、鬼嫁だった妻との間に、更なる奇跡が起きたのです。

僕は本の締め切りが近づくとフケが増えてくるのですが、妻は、ものすごくきれい好きなので、僕がパソコンに向かって原稿を書いている時でも、「あーヤダヤダ、フケが多くて」といきなり僕の背中に後ろから掃除機をかけてくる人だったんです（笑）。それが彼女への感謝の涙があふれた数日後、「あんた、またフケが多いけど締め切り近いの？ 明日、私がシャンプーしてあげようか？」と言ってくれたんです。そのシャンプーがすごく気持ちよくて。すると「明日もやってあげようか？」と、以来、妻が忙しくない時は毎朝、シャンプーをしてくれるようになりました。

朝6時に起きて出張に出る時も、うちは駅まで歩いて10分ほどなので近いのですが、彼女が車で送ってくれるようにもなったのです。

彼女への感謝があふれた数日後、鬼嫁が別人のようにやさしくなったのです。

鬼嫁の奇跡……これを奇跡と言わずに何を奇跡と言いましょう（笑）。

ピース（ＭＥ）とピース（ＹＯＵ）がつながる時に、想像を超える奇跡が起きるのです。

これが、「パズるの法則」です。


「素敵」という字の50％は「敵」なんです。

「敵」に見えた妻こそが、素敵な人生の扉の門番だったのです。


妻を敵にしていたのは自分の「ものの見方」だったんだと痛感しました。

本当の敵は自分だったんです……。


このことに気づいたことで、妻のありのままを受け入れ認められるようになり、面白がれるようになり、ついには、心から感謝できるようになりました。これにて、ひすい家の鬼嫁伝説は完結し、幸せな家庭へと変貌《へんぼう》を遂《と》げたのです（笑）。

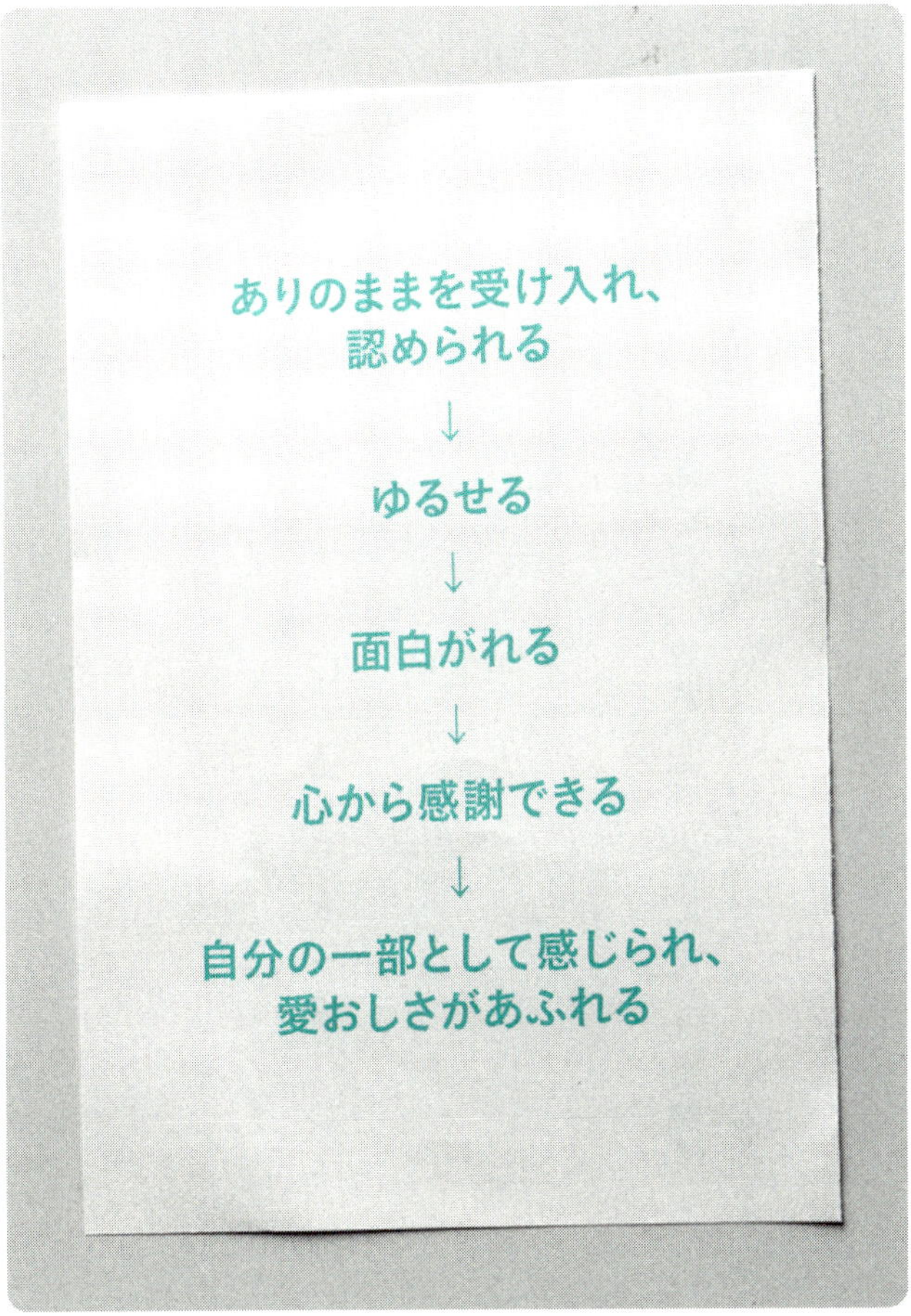

このように「つながり」には、どこまでも深められる「奥行き」があるのです。

未知なる自分と出会う方法

「自分という存在は4つの窓から成り立っている」という理論を提唱したのは、サンフランシスコ州立大学の心理学者ジョセフ・ルフト氏とハリー・インガム氏の2人です。

2人が発表した「対人関係における気づきのグラフモデル」は、「ジョハリの窓」と呼ばれ、話題を呼びました。

ジョセフさんとハリーさんだから、「ジョハリの窓」なんですね。

わしとひすいさんが一緒に新しい理論を発表したら、「コタスケの窓」（こたろうと大輔なので）として世界に知れ渡るかもしれません（笑）。

「自分らしく生きる」というのは、「開放の窓」が開いている状態です。
「自分が知っている自分」と「他者が知っている自分」が一致しているので、自然体でいる状態になります。

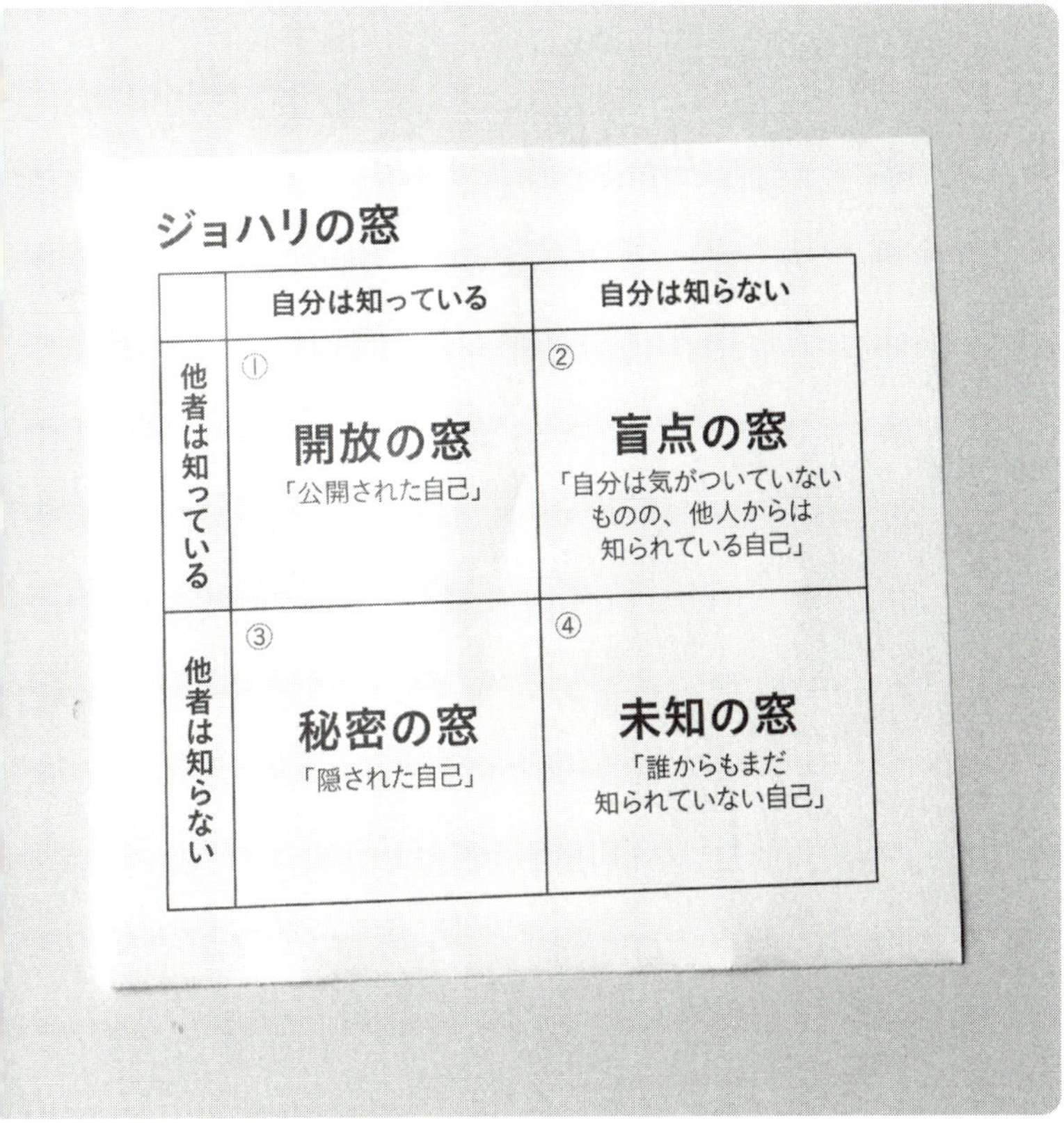

ジョハリの窓

	自分は知っている	自分は知らない
他者は知っている	① **開放の窓** 「公開された自己」	② **盲点の窓** 「自分は気がついていないものの、他人からは知られている自己」
他者は知らない	③ **秘密の窓** 「隠された自己」	④ **未知の窓** 「誰からもまだ知られていない自己」

① 自分も知っているし、他者も知っている「開放の窓」

② 自分は知らないが、他者は知っている「盲点の窓」

③ 自分は知っているが、他者は知らない「秘密の窓」

④ 自分も知らないし、他者も知らない「未知の窓」

「生きづらい」「思ったことを行動できない」と感じる方は、③の「秘密の窓」に隠された自己が大きい可能性があります。

秘密が多いと、秘密を守るためにエネルギーをものすごく消費してしまいます。

「こんなことを言ったら嫌われてしまうのではないか……。愛されないのではないか……」などと、これまで我慢していた本心を、信頼できる人に少しずつでいいので打ち明けていくと、秘密が減り、生きるのがラクになっていきます。

これを、**「自己開示」**といいます。

次に見ていきたいのは、「盲点の窓」です。

「盲点の窓」は、その人の伸びしろであり、本人が自覚すれば、気づいていなかった才能が開花し、今までできなかったことができるようになったり、過去からの癖を改善することができます。

ですが、「盲点の窓＝自分は知らないこと」なので自分だけでは開けることができません。

「盲点の窓」を開くには、**「他者からのフィードバック」**を受け取ることが必要になります。

「他者は知っているけど、あなたは知らないこと」を教えてもらうのです。

すると、②の「盲点の窓」に光が差し込んできます。

「盲点の窓」は無自覚なことがほとんどで、他者からのフィードバックを素直に受け取れなかったり、指摘されると反応してしまうことが多々ありますが、本当に変わりたいと思うのであれば、自分の気持ちや反応は一旦置いて、フィードバックをしてくれた人たちを信じて素直に行動してみることです。

この「自己開示」と「他者からのフィードバック」で④の「未知の窓」、新しいあなたの可能性の窓が開くのです。

「未知の窓」は、自分も他人も知らない窓。

この窓は、「秘密の窓」と「盲点の窓」が開くことで、あら不思議。どんどん開いてきます。

「秘密の窓」を自己開示すると、真ん中の横のラインが下に降りますね（下図のA）。

そして、盲点の窓でフィードバックを受け取ると、縦のラインが右に移動します（下図のB）。

すると、「未知の窓」の面積が小さくなります。

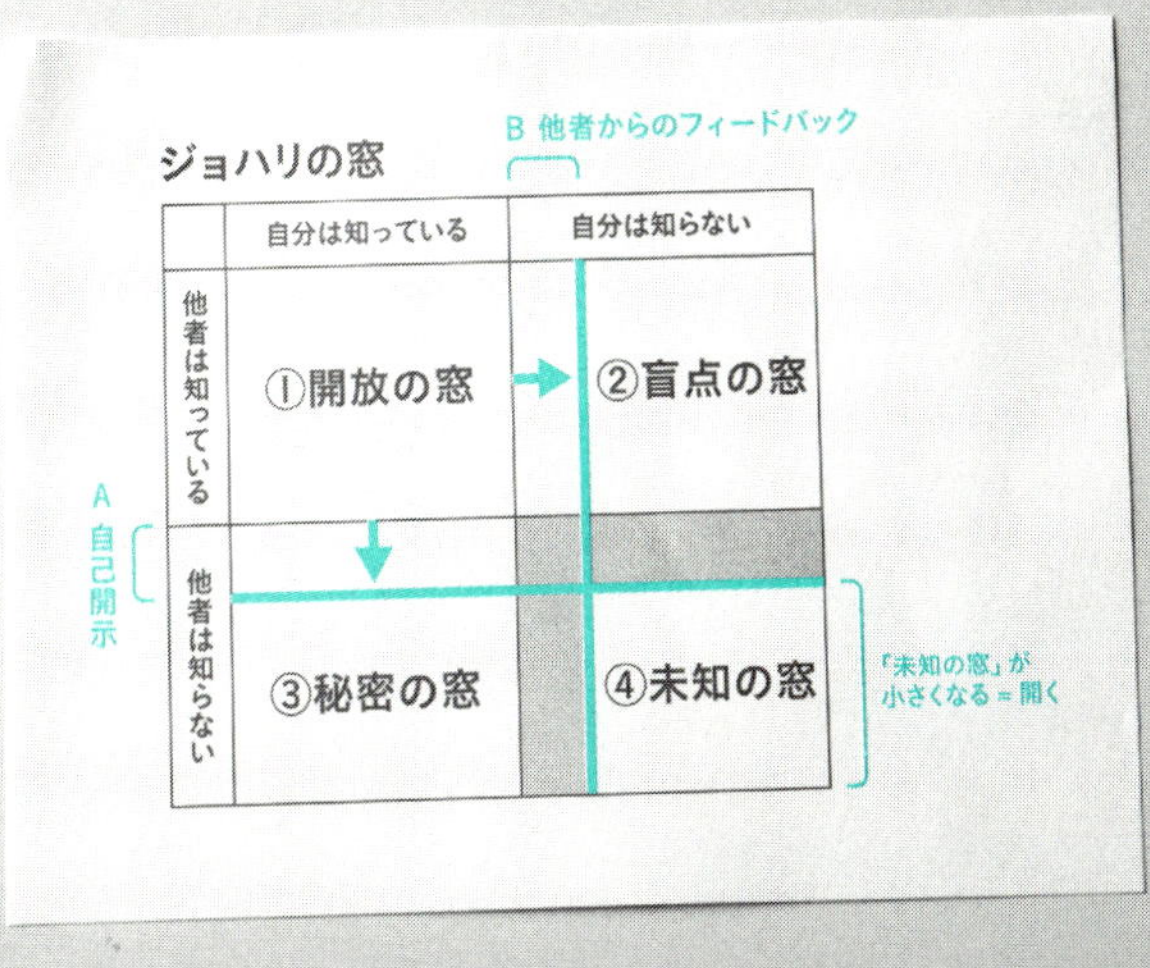

つまり、誰も知らなかった「未知の窓」が開かれたことになります。

「自己開示」と「他者からのフィードバック」、このセットのことを「シェア」と呼んでいます。

誰も知らないあなたの未知なる可能性はこうして開かれるのです。シェアをすると、今まで閉じていた未知の岩戸が開き始めるということです。

ある日、マイケル・ジャクソンのライブＤＶＤを観ていたら、ライブ前にスタッフみんなで輪になり、そこでマイケルがこう言っていました。

「みんなを未知なる領域へ連れていこう」

あなたの「未知の窓」には多くの人が待ち望んでいる、あなたの愛と才能が眠っているのです。

未知なる領域に行くために必要なのは、「自己開示する勇気」と「他者からのフィードバックを受け入れる思いやり」です。

他者と関わらなければ、あなたの未知なる領域の扉は開かない。本当の自分を生きることはできないということです。

第2章

「勇気」と「思いやり」

成長と成熟

「自分の喜び（ＭＥ）」と「誰かの喜び（ＹＯＵ）」がイコールになる。

「Our Happy」、これが私たちが新しい時代を生きるうえでの大切なポイントです。


私たちは多くの場合、どちらかにかたよっています。

自分のことばかり考えて自己中心的になっているか、
もしくは、周りのことを優先して自己犠牲《ぎせい》に陥《おちい》っているか、です。

どうしたら、自分のことも相手のことも大切にしながら、一緒にハッピーになれると思いますか？

そのためのキーワードは**「成熟」**です。


「成熟？」と思われた方のために、世界中で累計３０００万部以上発行されている世界ナンバーワンのビジネス書『７つの習慣』（スティーブン・Ｒ・コヴィー著／キングベアー出版）の中から「成熟」の定義をお伝えしたいと思います。

**「成熟とは、勇気と思いやりのバランスがとれていること。
勇気とは、自分の気持ちや信念を表現することであり、
思いやりとは、相手の気持ちや信念を尊重することである」**

「成長」という言葉は普段からよく聞くかもしれませんが、「成熟」という言葉はあまり聞き慣れないかもしれません。

「成長」とは、できなかったことが、できるようになることです。

自分と向き合い、日々努力し、昨日の自分ができなかったことができるようになることで、達成感や充実感を味わう。できない自分を何度も鼓舞《こぶ》し、あきらめそうになっても目標を達成するためにあらゆる努力を行い、更なる成長に向けて、努力を続けていく。

これが「成長」です。

一方で「成熟」は、自分と向き合うことだけでなく、他者とも真剣に向き合い、お互いが大切にしているものを尊重しながら、目標に向かって協力できるようになることです。

その過程でうまくいくことやいかないことがあったとしても、現状を受け入れ、どうしたら全員がハッピーになれるのかという可能性を見出し、人間関係を育み続けていく。

これが「成熟」です。

成長と成熟の一番の違いは、自力なのか、他力なのか、です。

個人の努力は必要です。でも、どれだけ成長しても、自分ひとりの力には限界があります。その事実を謙虚《けんきょ》に受け入れ、どうしたら周囲の人と、力と心を重ねて、望む未来をつくることができるのか。成熟した人は、そんなことをいつも考えています。

私たちにとって大切なのは、**私（ＭＥ）という個性を生きながらも、目の前の人（ＹＯＵ）とつながり、私たち（ＷＥ）として生きること**です。

木に例えるなら、成長とは幹を上へ上へと伸ばし、枝を伸ばし、葉を広げることです。

目に見える地上に出ている部分を伸ばすことが「成長」、目に見えない地下に根を伸ばしていくのが「成熟」です。

目に見える部分の幹や枝は、目に見えない地中の根が伸び、根が深くなる（成熟）ほどに、青々と生い茂っていきます（成長）。

また、何百年、何千年と育っている木々たちの根は、他の木々とつながり合い、お互いに支え合いながら共存しています。

もし木々たちが、「俺が一番成長するんだ」「栄養はすべて俺のものだ」と奪い合いをしていたら、その森は枯れてしまうでしょう。

広葉樹も針葉樹も苔《こけ》も花も、そこに存在するすべての動植物が、自分というMEを生きながらも、自然という全体の中では見事に調和している。

私たち人間も、成熟していくにつれて、自分にも相手にも無理のない、真の意味での自然体で生きることができると思っています。

勇気とは、自分の本音に素直になること

「勇気とは、自分の気持ちや信念を表現すること」とお伝えしましたが、もっとシンプルに表現すると、**「自分の本音に素直になる」**ことです。

周囲の評価や目を気にせずに、自分の本音を表現できるような人を見ると、「あの人はすごい」「自分にはできない」と思ったことはありませんか?

そう思ったあなたに伝えたいのは、「あなたにも、自分の本音を表現するための勇気がすでに備わっているよ」ということです。

勇気って、どうするものでしょうか?

「勇気を〇〇」の〇〇に入る言葉を考えてみてください。

そうです、勇気は「出す」ものですよね。

「勇気を入れろ！」とは、言いません。

闘魂《とうこん》はアントニオ猪木《いのき》さんに入れてもらえますが（笑）、勇気は自分の内側から出すしかありません。


最初から私たちの中にあるもの、それが勇気です。


あなたの中にあるものを出す。

そんなシンプルなことで、あなたは自分の本音に素直になることができます。


でも、多くの場合は、勇気を出せない。

それはなぜかというと、そもそも、自分の本音がわからないからです。

「自分がどうしたいのかがわからないのに、素直になりなさいって言われても、どうしたらいいの？」って思ったことありませんか？

まずは「自分の本音に気づくこと」から始めていきましょう。

普段、自分の本音を無視してやりたくないことをしていたり、周りに合わせて自分の本音を隠している人は、気づかないうちに自分の本音がわからなくなっています。

「どうしたい？」と聞かれた時に、「別に」「何でもいいよ」「あなたに任せる」という言葉がすぐに出てくる人は、無意識に自分の本音を抑圧してしまっているかもしれません。

「本音に気づく」ことを例えるなら、ワールドカップの決勝戦が行われているスタジアムの大歓声の中で、たったひとり、真実の言葉（自分の本音）をつぶやいている人を探し出すようなものです。ちゃんと耳を傾けないと聞こえてこないということですね。

私たちは日々、いろいろな情報や感情の渦《うず》の中で生きています。自分自身の本音に耳を傾けるために、10分でもいいので日頃の雑踏《ざっとう》を離れて、自分と対話をする時間をとってみてください。

自己対話をする時のオススメの質問もいくつか紹介しますね。

・今、何を感じてる？
・あの時、どう感じた？
・本当はどうしたい？
・何か気になっていることはある？
・じゃあ、どうしよっか？

自己対話をする時のコツは、「否定しない」ことです。

「感じる」ということと「考える」ということは根本的に機能が違います。

「感じる」というのは、今この瞬間の気持ちと向き合うことであって、正解・不正解はありません。

一方で、「考える」というのは、過去の出来事の原因を考えたり、未来のために最適な選択肢を導き出すためのものなので、「正しさ」が必要な側面があります。

感じることに「正解・不正解」を混ぜてしまうと、素直な気持ちがどんどんわからなくなってしまうので、感じていることは全部ＯＫ、というスタンスでいてください。

たとえば、「今日のご飯は焼き肉が食べたい！」と思った時。

「お肉が食べたい」という自分の気持ちに、正解・不正解はありませんが、「明日健康診断だから、流石《さすが》にまずいぞ」と考えることには、正解・不正解はありますよね（それでも焼き肉を食べてしまうツワモノのことが、わしは嫌いじゃないです（笑））。

ですので、日々感じていることを大切にしたうえで、きちんと考えるという習慣を身につけると、本音を大事にしながら、望む結果も生み出せる自分になっていきます。

「Don't think. Feel.（考えるな、感じろ）」というブルース・リーの名言もありますが、私たちは、**「Feel. And think.（感じろ、それから考えよう）」**で生きたいですね。

ちなみに、自分の本音を聞かない時期が長くなると、「本音の逆襲」が始まります（笑）。大観衆に圧倒されて、誰も自分に気づいてくれないと悲しんだ本音は、「これ以上放置されるならスタジアムをジャックしてやる‼」と放送席に乗り込み、「私の本音はこれだーー‼︎」と音量全開でスタジアムに爆音を響かせます。あなたも、自分が抑圧してきた想いが爆発した経験はありませんか？

これまでの自己啓発では、本音を解放することは大切だと教える時もありますが、無理矢理本音を解放しても、スッキリするのは一瞬です。

熱狂していたスタジアムは冷めてしまい、「アイツ、まじ空気読めないよね。せっかく楽しんでいたのに、周りまで巻き込んで……」と冷たい視線を送られます。

そうなると、その後の道は大きく2つ。

「やってしまった……どうしよう」と不安になり、再び本音を抑圧するか、

「何をー！　これが本音なのに！　もっと聞けーー！」と再び叫ぶかです（笑）。

自分の本音に気づいてほしい気持ちもわかります。

でも、大切なのは、誰かに本音をわかってもらおうとする前に、自分自身が自分の本音に気づいてあげること。

そうすれば、あなた自身も、誰かの本音に気づくアンテナの感度が高まり、お互いに本音で話し合える人たちと信頼関係を築くことができるようになります。

本音と「でも、だって」

自分の本音を抑圧しながら生きていると、本当にしたいことがわからない、もしくはわかっていてもできないまま、日々を過ごすことになります。

その結果、やっかいな問題が生じてしまいます。

それはみなさんの本音に、「でも、だって」という気持ちが共存してしまうことです。

みなさんの本音をもう少し深く見ていくと、こんなふうに思っていませんか？

・本音では、こうしたい。

（でも、実際はできていない。だって自信がないから）

・本音では、これはしたくない。

（でも、しなくちゃいけない。だってこうだから）

・本音では、こう思っている。
（でも、それは伝えられない。だって嫌われるのは嫌だから）
・本音では、あんなふうな人になりたい。
（でも、自分には無理だと思っている。だって自分には実力がないから）

本音で思っているなら素直にやればいいだけなのに、「でも、だって」がくっついてしまうからできないんです。

しかも、この「でも、だって」は時間が経てば経つほど、さらに強くなってしまいます。
なので、1％の直感や本音に気づいたら、即100％行動することをオススメします。

「仕事を辞めたい、でも仕事を辞めるのは不安」というのも、本音。
「離婚したい、でもひとりになってからどうしよう」と思っているのも、本音。
「もう何もかもが嫌だ！　でもどうしたらいいのかわからない」というのも、本音。

みんな本当は、自分の本音を知っています。でも、本音にくっついている「でも、だって」のせいで思考ばかりが働いて、行動ができなくなっているんです。

そんな状態では、本当の自分を生きようとしても何が「本当の自分」なのかわからなくて不安になります。自分の本音がまだはっきりしていないまま、本当の自分を生きようとしても、周囲の反応が怖くて一歩を踏み出せなかったり、実際に動き出してみても批判されたり嫌われるのが怖くて、結局いつもの自分に戻ってしまうということを繰り返してしまう。

まずは、自分の本音に自分が寄り添うことから始めてみましょう。「本当の自分を生きる」などと大それたことを言わなくても、日々の生活の中で、自分の小さな本音に気づいて、その本音に寄り添い、できることから行動する。

そうすると、自然と「でも、だって」という気持ちが小さくなり、「もしかしたら、自分にもできるかもしれない」という気持ちが大きくなります。

不安は、一生なくなりません。
「不安が解消されたら動く」ではなく、「不安なままでいいから、小さく、丁寧に、コツコツ行動を続ける」習慣を身につけていきましょう。

「勇気」とは「言う気」

本音を伝える勇気が、ピースとピースを結んでくれます。

ひすいの友人の話です。

彼女は、子どもの頃、両親が地味な服しか買ってくれないので、すごく悲しかったんだそうです。その不満をずっと抱えていた。本当はピンクでフリフリの服を買ってほしかったのに親は買ってくれなかった……。

そのことがずっとわだかまっていたので、大人になってから聞いてみたのだそうです。すると、親からは驚くべき事実が語られました。

「流行に左右されない、本物を着てほしかった」

両親は、そんな想いからシンプルで生地が良いものを選んでくれていたことが判明したのです。彼女がずっと不満に思っていた、地味な服しか買ってくれないことが、なんと両親の愛ゆえだったんです。

彼女の望む愛のカタチは、ピンクのフリフリでした。

しかし、両親の愛のカタチは、流行に左右されない本物でした。

ここで、愛のカタチがすれ違っていて、ピースがはまらなかったのです。そのことで彼女はずっと親に不満を抱えていたのです。

でも、勇気を持って自分の本音を伝えたことで、彼女は初めて両親の愛のカタチを理解し、自分が愛されていたことに気づき、ピースとピースが結ばれたのです。「こんなことならもっと早く聞けばよかった」と彼女は言っていました（笑）。


また、こんなこともありました。ある日の僕の講演会。僕の最初で最後の弟子である、まことさんと一緒に控え室に向かいました。控え室の入り口でスタッフが待ってくれていて、そのスタッフは今日1日ひすい担当で、「必要なことがあれば何でも頼んでください」とのことでした。早速、そのスタッフの方が「ひすいさん、コーヒーを飲みますか？」と聞いてくれたんです。僕はコーヒーは大好きなんです。でも、そこは遠慮王国・新潟生まれですから「あ、大丈夫です」と遠慮したのですが、まことさんは「僕はアイスコーヒーお願いしまーす」と、さらりと言ったのです。「え？」と違和感を覚えました。師匠が遠慮しているのに！（笑）

控え室に入ると、大きな鏡がありました。すると、まことさんが即座に鏡を見て入念にチェックを始めたんです。僕が講演前に鏡でチェックしたいのに、講演に出ないまことさんが鏡で入念にチェックしていて、僕が鏡を使えない……。

さらに、まことさんへの違和感が増しました。

さて、そんなまことさん、あなたにはどう見えますか？

遠慮のない、ナルシスト。

そう見えたかもしれません。実は、僕もそう感じたんです。

こういう些細《ささい》な違和感が溜まっていき、次第に相手を嫌いになることってよくあると思うんです。

そこで、僕はそうならないように「え？　今日、講演するの俺だよね？」と突っ込み、まことさんに感じていた違和感を笑いに変えて伝えました。笑いに変えると伝えやすくなりますから、笑いに変えたうえで、「何でそんなに鏡を入念に見ているの？」と聞きました。すると、意外な答えが返ってきたのです。

僕は昔、講演の中で、「鏡を見るたびに、自分の瞳に『ありがとう』とやさしく伝えていると、自己肯定感が高まる」という話をしたことがあったんですが、まことさんは僕のその話を聞いて以来、実直にそれを実践しており、控え室にも鏡があったので、それをすぐに実践していたというのです。

「え⁉　めっちゃいいやつじゃん！」って思いました（笑）。

この勢いに乗って、さっきのコーヒーのことも聞いてみました。

「さっき、俺、コーヒー遠慮したじゃん。師匠が遠慮しているのに、弟子が『はい、アイスコーヒーで』と即答で注文するとは、さすがまことさんだよね」

はい、今度も、ちゃんと笑いに変えてかわいく伝えました（笑）。すると、またもや意外な言葉が返ってきたんです。

「せっかく1日、ひすいさん担当という仕事を与えられているのに、何も頼まないのは、その人がかわいそうだなと思って頼んだんです」

「え⁉　まことさん、めっちゃいいやつじゃん！」


僕がまことさんに感じた2つの違和感は、どちらもまことさんにとっての愛のカタチだったのです。それがわかれば、小さな誤解も解けて、僕のピースとまことさんのピースはきれいにつながります。

ちなみにまことさんは、誤解されることが多くて、周りから嫌われちゃうこともけっこうあるのですが、ちょっと勇気を出して聞いてみれば、案外、誤解はすぐに解けるものです。

「言う気」、それが「勇気」なんです。
勇気を出して相手の本音や気持ちを聞いてみると、相手の愛のカタチが見えてきます。
愛が見えたら、ピースとピースはちゃんと結ばれます。

そんなこともあり、僕ら師弟コンビはとても仲良しなので、僕の講演会の主催者さんは、いつも僕とまことさんをホテルの同室にしちゃうのですが、そういう奇跡はいりませんから（笑）。主催者さん、僕らは気持ちはひとつですが、部屋はちゃんと２つに分けてくださいね！（笑）

人は人を嫌いになる前に、先に違和感を感じます。その違和感が積もると「嫌い」になってしまいます。でも、違和感を感じるたびに、相手の行動の背後の気持ちをちゃんと汲み取ることで相互理解が生まれます。すると、多少、相手に欠点があっても、それは「愛嬌《あいきょう》」として面白がれるようになるのです。

ピースとピースが結ばれるためには、いい面だけを受け入れるのではなく、ダメなところも含めてありのままを認めることが大切になります。
その時にポイントになるのが、相手の感情の背後にある「気持ち（愛）」をちゃんと汲み

取ることなのです。

ちなみに、『古事記』を研究している加藤昌樹《かとうまさき》さんは、神話の中の日本の神様たちの言動を解読していくなかで、こう感じたそうです。

「問題は、解決するために起きているのではなく、話し合うために起きている」

日本の神様たちは、何かあるたびに、「天の安河原《あめのやすかわら》」に集まり話し合うのだそうです。「天の安河原」とは、何を言っても批判されず、すべてを前向きに受け取る環境のことを表します。

そこではまず、感情の先にある「気持ち」をちゃんと伝え合います。言葉で「気持ち」を伝えて、「うん、うん」と受け取ってもらえると安心感が生まれます。そうすると、もっともっと気持ちを伝えたくなって、さらに気持ちを開いていくと信頼感が生まれます。そうやって、言葉で気持ちを伝え、受け取ってもらえると、相手をどんどん信頼できるようになる。それを繰り返していくと、相手が愛おしくて愛おしくてたまらなくなってきます。それが愛情です。

愛情が育つと、多少欠点があってもゆるせるようになるし、お互いに助け合い、相手の願いを応援したくなるのです。

日本の神様たちは、言葉を使って気持ちを伝え合い、信頼できる関係をつくり、愛おしさを持って世界をつくっていたのです。

これを「平《こと》け和《む》す《やわ》」と『古事記』ではいっています。

これが「平和」の原点なのです。

問題は、キミとボクの関係がより深まるために起きてくれているのです。

解決より、尊重し合えるようになることがむしろ本命だったのです。

解決より、人を愛おしむことが目的なのです。

宇宙は解決を見たいんじゃないんです。キミとボクのピースが結ばれた先に出現する、美しい景色（パズル）を宇宙は見たがっているのです。

ボクらのパズル、見せてあげようよ。

関係性が深まるたびに奇跡は起きる《セカフザ編》

実は数年前に、奇跡が怒濤《どとう》のごとく起きて、僕の人生がテレビドラマ化される寸前までいったことがあります。

「1人で夢を叶えようとしたら10年かかる。しかし4人で、4人の夢がみんな叶うように応援し合ったら、世界最速で夢が叶うんじゃないか？」

僕らは、そんな「実験」を仲間4人でしてみたのです。すると……奇跡が次々に舞い降りて、4人の夢はあっさり叶ってしまいました。

2004年の頃です。パッとしない人生を歩んでいた僕含めて4人の仲間で、毎月1回、お互いの本音をさらけ出し、悩みを打ち明け、夢を応援し合う「定例会」という名の飲み会を始めました。

仕事帰りに、東京・飯田橋の「鳥どり」という地下の居酒屋に集まって、一人ひとりの悩みや夢を聞き、応援する。４人で２時間会うなら、30分を１人を応援するためだけに使うのです。

そんな飲み会を毎月１回したんです。すると、１年後どうなったか？

嵐のごとく奇跡が起きてしまったのです。

・ひすいこたろう……当時、超根暗な赤面症の会社員↓１年後、ベストセラー作家に。
・菅野一勢《すがのいっせい》さん……当時、探偵を挫折《ざせつ》したチャラいプータロー青年↓なんと１年で１億円プレイヤーに。チャラさは変わりませんでしたが（笑）、年収がすごいことになってしまいました。
・柳田厚志《やなぎだあつし》さん……ボーズ頭の年収３００万円のサラリーマン↓出版社の新設部署の売り上げを10倍にし、史上最年少部長に。その後、独立して海の見える家に引っ越し、サーフィン三昧《ざんまい》の合間に、世界をまたにかける伝説のプロデューサーに。
・コジマくん……文房具会社の営業マン↓人前で講演する講師に。

冴えない男たちが1年間で12回飲み会をしただけで、嘘みたいに願いが叶いまくってしまったのです。

「ぜひ、その内容を本にしてほしい」と頼まれて書いた本が『世界一ふざけた夢の叶え方』（フォレスト出版）で、２０１４年度、その出版社で年間一番売れた本に輝き、僕らの夢の叶え方がドラマ化する話も出て、「この４人は俳優でいうと誰に似ているのか？」という問い合わせが編集部に入ったほどでした。最終的にドラマ化の話は流れてしまったのですが、企画が流れた理由はぜひ、『世界一ふざけた夢の叶え方』の続編『実践！ 世界一ふざけた夢の叶え方』（同）を読んで笑ってやってくださいな。

１人で夢を叶える時代は、もう古いんです。だって時間がかかりすぎる。これからは、みんなでみんなの夢が叶うように応援し合う時代になる。ワイワイ飲みながらね。それが世界最速の夢の叶え方です。

１人で悩み、１人で考えるのは未熟。みんなで悩み、みんなで考えるのが成熟。

仲間４人で居酒屋で定例会をする夢の叶え方を、本のタイトルを略して「セカフザする」と読者さんたちが言い出し、やってくれているのですが、セカフザで「本を出せた」「議員になれた」など夢を叶えた人が続出しています。

セカフザ結成当時、僕は作家になりたいと願いながらも、実は、何もしていなかったんです。すると定例会で、「何もしていなければ、作家にはなれないんじゃない？」と当たり前のことをズバリ指摘されました。でも仲間たちも作家じゃないですから、作家になる方法がわかりません。そんななか「作家を目指すなら絶対、毎日文章を書いたほうがいいし、まずはブログをやったほうがいいんじゃない？」という意見が仲間から出ました。でも、僕はすぐにできない理由を言ってしまったんです。「家のテレビの録画予約も未だにできないし、ネットにも疎《うと》いので、ブログとか絶対無理」と。２００４年当時ですから、まだブログも一般的ではない時代です。すると、菅野さんが「じゃあ、家に泊まりにこいよ。ブログの立ち上げ手伝うから」と言ってくれました。

そんな感じでセカフザ仲間みんなで得意分野を活かし、苦手分野を支え合って、夢を応援し合っていったら奇跡が頻発して、４人とも1年で想像をはるかに超える結果が出てしまったのです。

僕らは、言いにくいこともズバリ言える、本音を言い合える関係でした。菅野さんなんかは、「昔のひすいさんなんて、あまりに暗くて、友だちになりたくないランキング1位だったもん」とか笑いながら言ってるくらいですし（笑）。

僕らはただの友だちではなかった。みんながまだまだ未熟者でしたが、その未熟なところも含めて、一緒に成長していこうという仲間でした。相手のいいところもダメなところも認め、面白がり、リスペクトしながらお互いに応援し合っていたのです。

今思えば、僕ら4人は、パズルとしてピースとピースが完全につながっていたから、奇跡が起き放題になったんだと確信しています。先にお伝えした『古事記』の中の「天の安河原」を、僕らは無意識でつくっていたのです。

4人がつながっていたから、単純に面積が4倍になり、可能性も人脈もアイデアも4倍速で一緒に成長できたんです。

つながっていたら、「キミの成長＝ボクの成長」になるのです。

ちなみに、2005年に出たひすいのデビュー作『3秒でハッピーになる名言セラピー』のラストメッセージはこうです。

**「あなたがくだらないと思っている今日は、
昨日亡くなった人がなんとかして生きたかった、
なんとしてでも生きたかった今日なんです」**

この言葉は、本の締め切り数日前に、セカフザ仲間の柳田さんが酔っ払って言ったものなんです。僕は慌ててメモしたんですが、本に載せたくて、後で柳田さんに聞いてみたら、「え？　俺、そんなこと言いましたか？」って覚えてなかったんです。僕らはつながっていたから、僕に必要なメッセージが、酔っ払っていた柳田さんに降りてきたわけです（笑）。

つながってしまえば、僕に必要なことが友だちに降りてきて教えてくれたりするので、とってもお得ですよ。ジャイアンのように、「お前の力は俺の力」ってなりますからね（笑）。

ちなみに、本のラストメッセージ。調べてみたら韓国の『カシコギ』っていう小説の一文だったのですが、柳田さんが酔って言った言い方のほうをそのまま本に掲載しています（笑）。

思いやりとは、相手を尊重すること

奇跡が起こるために必要なことは、人として成熟することだというお話はすでにお伝えしました。

成熟とは、「勇気」と「思いやり」のバランスがとれていることであり、この2つのバランスが整った時に、パズルのピースとピースは結ばれます。

ここからは「思いやり」について話を進めていきましょう。

「思いやり」とは、相手の気持ちや信念を尊重することです。「私はこう思う。わかってよ」と自己主張する前に、「あなたは、どう思う?」「どんなことを感じているの?」と、相手のことを考え、受け入れることができる人が、思いやりを持っている人です。

ただし、思いやりと我慢は違います。

本当はそうしたくないのに、相手に合わせている。これは我慢です。**思いやりとは、相手を理解したいという純粋な気持ちがあることが大前提です。**そして、相手を思いやるためには、自分の中から湧き上がってくるさまざまな感情や反応を**「留める」**技術を体得する必要があります。

留めるとは、自分の感情や思考、言葉を表に出す前に、自分の中で確認し、「Our Happy」を見つけることです。

これは、自己中心的になっていないかな……。
自分の本音ではあるけれど、独りよがりになっていないかな……。
自分のこの気持ちを、どうしたら周囲のハッピーにもつなげることができるかな……。

このように、自分の中で気持ちを熟成させて、自分にも嘘がなく、相手にも伝わる言葉や行動になるまで内側に留めるというのが、思いやりに必要な技術です。

ですが、我慢している人は、この留めることが苦手です。

なぜかというと、我慢している人は心の中では、「自分が正しい」と思っているからです。

表面的には取り繕《つくろ》っていたとしても、「私は、こんなことを感じていて、こんなに考えているのに、何でわかってくれないの?」と心の奥で自分を正当化し、相手のことを批判しているんですね。

逆に、勇気だけで思いやりがない人だと「私はこう思う!」という主張が始まり、相手が心の奥で感じていることまで理解できません。

「私はこう感じているのですが、あなたはどうですか?」
「なぜ、あなたはそう考えているのですか? 教えてください」

自分の考えを伝えるだけではなく、相手の気持ちを聞き、それを理解しようとすること。まずは、自分が相手を理解しようと努力すれば、自然と相手もあなたのことを理解しようとしてくれます。

もし、あなたが相手を理解しようとしても、相手が理解を示してくれなかった場合、「自分の誠実さが足りないんだな」と考えるのが成熟している人。

「私がこんなに寄り添っているのに、何よ!」と反応する人は、まだ成熟しきっていない人ということですね。

時として理解し合えないことがあるのは当たり前。

そんななかで、お互いの違いを受け入れる勇気と思いやりの両方を兼ね備えた成熟した人が、奇跡（Our Happy）を起こすことができる人です。

しあわせの語源

「資本主義の父」と呼ばれる渋沢栄一《しぶさわえいいち》。

彼は、金銭的に苦しんでいる人たちをたくさん見てきた結果、ある共通点を見つけたそうです。

それは何かというと、

「自分のことばかり考えている」ということでした。

この時、渋沢栄一は「おかしい」と思ったそうです。自分のことばかり考えていたら、真っ先に自分のことくらいは良くなりそうです。しかし、なぜか自分のことすら良くならず、生活がままならない。そこで渋沢栄一は気づくのです。

「算盤《そろばん》だけではダメなのだ。自分の利益ばかり考えるのではなく、他者を思いやることが大事なのだ」と気づき、それを記したのが『論語と算盤』（国書刊行会）という本です。

ひすいの地元・新潟に、越後を代表する大富豪である旧伊藤家のお屋敷・北方文化博物館があります。8800坪の敷地に1200坪の豪壮《ごうそう》な屋敷をかまえ、部屋数が65室もある日本最大級の民家です。

この伊藤家が繁栄を誇った秘密が、実は「思いやり」です。

伊藤家は、ある時、広大な庭に築山《つきやま》をつくろうと決めます。しかし、伊藤家はそれをつくってほしいと声をかけた近隣の方々にあるお願いをしました。

「道具は一切使わないでほしい」

それは非効率極まりない条件です。手だけで土を運ばないといけないということで、完成までに3年以上もかかりました。伊藤家は何のために道具は使わないでほしいと望んだのか。

理由は完成をできるだけ遅くするためです。

完成が遅れれば遅れるほど、お金をたくさん支払えるからです。

実はこの当時、新潟は大飢饉《だいききん》が3年続いており、みな経済的に苦しみ貧窮《ひんきゅう》していたのです。

でも、伊藤家のこの計らいのおかげで、多くの農民が一家心中することなく、大飢饉を乗り越えたそうです。単にお金を配るのではなく、きちんと仕事を頼み、潤ってもらおうと考えた結果です。

関係性に潤いをもたらそうと思いやれる人のところに、お金も人も運も集まるのです。

今夜お風呂に入った時に、「こっちへ来い、こっちへ来い！」と水を自分のほうへ招き寄せてみてください。そうすると水は、反転して反対のほうに流れていってしまいます。

逆に、「どうぞ、あちらへ」と水を押し出すと、水はこちらに向かってきます。

思いやりこそ、「Our Happy」の近道なのです。

日本語の「しあわせ」という言葉の語源は、「為合《しあ》わせる＝お互いを喜ばせ合う」からきているそうです。

お互いに思いやれたら、この星はあっという間に全員がハッピーになれます。

本当は簡単なことなんですね。

奇跡は愛と勇気から生まれる

パズルのピース（ME）とピース（YOU）がつながる（パズる）時に起きる現象が「奇跡」と呼ばれるものです。

どうしたら奇跡を起こせるのか、その秘密が『アンパンマンのマーチ』の2番の歌詞に隠されています。

なにが君のしあわせ　なにをしてよろこぶ
わからないままおわる　そんなのはいやだ！
忘れないで夢を　こぼさないで涙
だから君はとぶんだ　どこまでも
そうだ　おそれないで
みんなのために
愛と勇気だけがともだちさ
ああ　アンパンマン　やさしい君は
いけ！　みんなの夢まもるため

この歌詞の中で、作詞したやなせたかしさんが一番伝えたかった歌詞。
それは**「愛と勇気だけがともだちさ」**なのだそう。

そう、「愛（思いやり）」と「勇気」。

「奇跡」とは、「愛（思いやり）」と「勇気」の子どもなのです。

この詩が生まれた原点となる、やなせさんの経験にも迫ってみましょう。

21歳から26歳までの5年間、やなせさんは戦地で生きることを余儀《よぎ》なくされていました。軍の命令で中国に派兵されて、その時に言われたのは「今、中国の民衆が困って苦しんでいるから助けなければいけない。これは正義の戦いなのだ」と。ところが戦争が終わると、「日本軍が中国民衆をいじめた」と言われました。当時、日本国民みんなが信じた正義とは何だったのかと、やなせさんは考えるようになりました。だって、その正義のために、やなせさんの弟さんや仲間たちは戦争で死んでいったのですから……。

その時、たどり着いた答えが、どんな状況でもくつがえらない正義は「ひもじい人を助ける」ということでした。困っている人に自分の顔をちぎって食べさせる、心やさしいアンパンマンの原点は、ここにあったのです。

お腹を空かせている子どもに顔を食べさせて、顔がなくなってしまったアンパンマンが、エネルギーを失って失速するシーンがあります。アンパンマンの絵本でやなせさんが一番描きたかった場面は、実はこのシーンでした。ウルトラマンや仮面ライダーといった、誰にも負けない強いヒーローものが大ヒットするなか、アンパンマンはマントはつぎはぎ、パンだから雨に濡れるだけでも弱ってしまうという世界最弱のヒーローでした。

『アンパンマン』の絵本を出版した当時、出版社さんにはこう言われました。

「こんな絵本は、これっきりにしてください」

アンパンマンが飢《う》えた人に顔を食べさせるシーンに、大人たちは「残酷だ」と大反発。児童書の専門家たちからも、「ああいう絵本は図書館に置くべきではない」と散々悪評を言われました。

でも、やなせさんはこう思っていたのです。

「人を助けようと思ったら、本人も傷つくことを覚悟しないといけない。自己犠牲の覚悟がないと正義は行えない。そして、アンパンマンにとって食べてもらうことはうれしいこと。だってまずいパンなら食べてもらえないからです」


自分を投げ出しても、誰かのために生きること。誰かの喜びに生きること。それは、思いやりの極致《きょくち》でもあります。そして、それは自己犠牲を超えて、自分にとっての喜びになる生き方であることを見せてくれているのがアンパンマンなのです。

やなせたかしさんは、実は、絵本作家として60歳近くまで代表作がなく、失意と絶望の連続。そんななかで、ずっと問い続けてきた言葉……。

♪なにが君のしあわせ
なにをしてよろこぶ
わからないままおわる
そんなのはいやだ！

この問いとずっと向き合ってきたやなせさんは、人を喜ばせることが一番楽しいことだということが、年を取るごとにだんだんわかってきたそうです。

僕たちが生きているのは、人を喜ばせるためなのだ、と。
人生は〝喜ばせごっこ〟だと、やなせさんは言います。

ヒーローに必要な「愛（思いやり）」と「勇気」、これが、パズルのピースとピースが結ばれる、パズるためのマスターキーです。

関係性が深まるたびに奇跡は起きる《父編》

『超常戦士ケルマデック』（M.A.P.出版）という著書のケルマデックさんに、占いをしてもらったことがあります。

占ってもらったテーマは仕事運。僕の仕事運に対する陰陽五行の掛けが出ました。それは意外なものでもあり、同時に「さすが！」と言えるものでもありました。

それは、「ひすいさんが仕事運をさらに高めたいのなら、お父さんにひすいさんの本を読んでもらって感想を聞いてください」というものだったのです。

自分にとって大切な人や、濃い人間関係の人と関係性を深めることで奇跡が起きるということは体験的に気づいてはいたのですが、ケルマデックさんが「お父さん」と言ってきたのは、痛いところを突かれたという思いでした。

というのは、父は子どもの頃から教育に厳しく、僕は中学の頃から休日は1日8時間以上も勉強をさせられていました。そのせいで友だちもできず、性格も暗くなってしまい彼女もできないんだ、と父を逆恨みしていた時期もあります。

本当はテニス部に入りたかったけど、父の願いを考慮して野球部に入ったのも、父の目を気にしていたからです。

父は家庭では絶対の存在でした。しかし、どんなにがんばっても、父が僕を褒めることはありませんでした。僕は父から一度も褒められたことがないんです。それは子どもの頃から、作家になった今でも。そのことが心のどこかで棘《とげ》のように引っかかっていました。なので、なぜ父は僕を一度も褒めてくれないのだろうと、この機会に聞いてみようと思いました。しかし、その瞬間……。

「聞くのが怖い！」という思いが出たんです。でも、「怖く感じるところにこそギフト（愛）が隠れている」というのは、カウンセリングの王道パターンです。

僕は勇気を出して父に「とおちゃんは何でこれまで僕を一度も褒めてくれなかったの？」と聞こうとしましたが、やっぱり怖くて聞けない……。

父に本心を伝えようと思うと、怖くて聞けないんです。

ドキドキしてきました……。

その瞬間、これは高2の時、初恋の人に告白した時のドキドキと同じだって気づいたんです！　だって、好きでも何でもない子に告白するとしたら別にドキドキしませんよね？　好きじゃないならフラれることに恐れがないからです。


こんなにドキドキするってことは、僕は父のことが大好きだったんだ！

それも初恋のヨネヤマさん並みに！（笑）

そこに気づいた瞬間、涙が流れました……。

僕は父を嫌っていた。今までそう思っていました。

でも、本当は大好きだった……。

だから父を喜ばせたくて、子どもの頃、あんなにがんばれたんだという自分の父に対する深い愛に、この時、初めて気づいたのです。


自分の父への愛の深さに気づいた時、泣けてきました……。

それでようやく「何で、とおちゃんは僕を一度も褒めてくれなかったの？」って、初めて自分の本心を父に問うことができました。聞いてみたら、意外な真実がわかりました。父は、口ではいいことを言って、陰では足を引っ張る人を仕事場でたくさん見てきたので、褒めることが愛だとは思えなかったそうです。

なんと、「褒めない」ということが父の愛のカタチだったのです。


さらに、勇気を出して、一番聞きにくかったことを聞きました。

「かあちゃんは僕の50冊の本を全部３回以上読んでくれているのに、とおちゃんは何で僕の本を一度も読んでくれないの？」

これも意外な答えが返ってきました。

もう目が悪くて文字が読めなかった、と！

そうだったのか……。


さらにわかったのは、父は褒め方がよくわからなかったんだそう。なぜなら、父も親に一度も褒められたことがなかったからです。

でも、自分の中の父への愛に気づいた時、父の僕への愛もまた開示されました。

「お前は、我が家の誇りだ」

父が初めて言葉にして褒めてくれたのです。

これまで何十年と一度も褒めてくれなかった父が……。

僕が自己開示したことで、父も僕が望む愛のカタチを理解してくれて、父が初めて僕の望むカタチの愛で応えてくれたのです。

こんなことならもっと早く聞けば良かったよ…（笑）。

そして奇跡は続きます。

その時は、新潟の実家に泊まっていたわけですが、翌朝、僕の靴がきれいになっていることに気づいたんです。母に聞いてみると、なんと父は、僕が新潟に帰省してきた時は毎朝、僕の靴を磨いてくれていたのだそうです。父はいつも僕より朝早く起きるし、父が僕の靴を磨いてくれていたことに20年も気づきませんでした（気づかなすぎ！）。

父は、自分からは言わなかったし、母もそのことを言わなかったので、ずっと気づかなかったんです。

何で靴を磨いてくれていたのかを父に聞いてみました。

「俺にできることはこれくらいだから」

父親ってどこまでも不器用な存在なんだな……。

僕が父への愛に気づいた時、同時に父の僕への愛も開示されたのです。

ピース（ＭＥ）とピース（ＹＯＵ）がつながった瞬間の奇跡です。

関係性が深まるたびに奇跡は起きるのです。

ひとつにつながる時に奇跡は起きるのです。

おまけ。

次に新潟に帰省した時、朝早く起きて、父の靴磨き現場をこっそり激写しました（笑）。

僕は、父が磨いてくれたこの靴を履いて一歩踏み出し、大ちゃんと力を合わせながら時代を一歩前へ進めようと思います。

第3章

奇跡を阻むもの

WEの世界を阻む最大の理由はエゴ

これまで、ピースとピースがどうしたらつながるのかを見てきましたが、ここからはピースとピースがつながることを妨げているものを見ていきたいと思います。

私たちが「WEの世界」を生きていけない最大の理由は「エゴ」にあります。
「WEの世界」とは、私とあなたの幸せ、「Our Happy」が実現している世界であり、エゴというのは、簡単に言うと「間違った思い込み」です。

私たちは過去の体験から、間違った思い込みを真実だと錯覚しています。

たとえば、先のひすいさんの例で言うと、

・自分は父親から褒められなかった（＝過去の体験）
・だから、自分は愛されていないんだ（＝間違った思い込み）
というのがエゴです。
本当はお父さんは褒め方を知らなかっただけで、ひすいさんを愛していた（＝真実）んですけどね。

間違った思い込みを真実だと思ってしまうのは、私たち全員が持っている「エゴ」が原因です。エゴには、大きく6つの特徴があるので、一緒に見ていきましょう。

【エゴの6つの特徴】

①**分離**（常にどちらかしかとれない）
②**自己中心的**（自分に注目を集めたい、自己正当化、自己主張、もしくは自己犠牲）
③**ネガティブ**（欠乏感、無気力、抑圧、〜でなければならない）
④**攻撃的**（自責、もしくは他責、コントロール、ジャッジ）
⑤**没個性**（エゴに飲まれると、ほとんどの人が同じようなパターンに陥る）
⑥**矛盾**（本心とは逆のことをする、なかったことにする、先延ばしにする）

この6つのいずれかに当てはまっている時は、エゴに影響されている可能性があります。
なぜ、こんなにもエゴに翻弄《ほんろう》されてしまうかというと、**私たちはエゴとの付き合い方を学ばないまま、大人になってきたからです。**

小学校や中学校で、人間の感情やエゴについての勉強をしていれば、自分との向き合い方や、友だち、先生、両親との人間関係のつくり方を学ぶことができるのですが、これらの原則をほとんど教えられないまま、私たちは大人になってしまいます。

自分の感情やエゴの扱い方がわからなければ、他者の感情やエゴとの向き合い方もわからず、人間関係に苦しむことになり、さらにエゴに飲まれていくという悪循環にはまっていきます。

また、エゴの多くは幼少期につくられるため、大人になった今でも幼少期の間違った思い込みを引きずっている人も少なくありません。

そういう人は、自分の表層的な想いや考えを正当化したくなり、自分のことを理解してもらえていないと感じると（これも本当は間違った思い込みなんですけどね）、エゴの6つの特徴がムクムクと顔を出し始めます。

エゴとは、「間違った愛し方・愛され方」と表現することもできます。
本当はもっと素直に愛していいし、愛されてもいいのに、私たちはどこかで素直になれずにいます。

エゴは、
甘えん坊で依存的なので、自分と相手、どちらが正しいかを証明したくなり（分離）、
自分は変わらずに、相手に変わってほしいと思っていて（自己中心的）、
「もういいや」「どうせ～」「だって」という感情を湧き上がらせ（ネガティブ）、
相手や自分を攻撃することで注目を集めようとし（攻撃的）、
エゴに飲まれた人たちのお決まりのパターンにも無自覚で（没個性）、
言っていることとやっていることと、本心がずれていることにも気づかない（矛盾）。

そんな反応で日々を生きていたら、心も体も疲弊《ひへい》してしまうのは当然ですよね。

大人になるとは、「愛し方と愛され方が増えていくこと」です。

「こういうのじゃなきゃ、愛を感じられない！」

「私の愛は、こうなのよ！」

ではなく、

どんなことにも、人にも、愛を感じる自分であること。
相手に合わせて、自分の愛のカタチを柔軟に変化できること。

そんなふうに、自分の愛（ＭＥ）も相手の愛（ＹＯＵ）も大切にできる人は、エゴに飲まれることなく、愛し愛される存在として成熟していくことができます。

エゴの正体

もうひとつ、エゴに関して重要なことをお伝えしておきますね。

あなたには、どうしても好きになれない人や苦手な人、接しているとイライラしたり、嫌な気持ちになってしまう人はいませんか？

そういう人と出会うと、できるだけ関わらないようにする、もしくは相手を変えようとしたり、向き合わなきゃいけないとわかっていながら先延ばしにしてしまいがちかもしれません。

相手が悪いんだから、わざわざ疲れるような人とは接したくないし、そんな相手に時間とエネルギーを割《さ》くぐらいなら、自分のことをやったほうがいい。

そんな思いが出てきたら、前のページのエゴの特徴を読んでみてくださいね。

できるだけ関わらないようにする（分離）。

相手を変えようとしたり（攻撃的）、

向き合わなきゃいけないとわかっていながら、先延ばしにしてしまいがちかもしれません（矛盾）。

相手が悪いんだから（自己中心的）、

自分がわざわざ疲れるような人とは接したくない（ネガティブ）。

そんな相手に時間とエネルギーを割くぐらいなら、自分のことをやったほうがいい（分離）。

そう、一見、正論に思えても、あなたも絶賛エゴに影響されているんです。

たとえ相手が、本当に自己中で嫌なやつだったとしても、そんな嫌なやつから影響を受けて、あなたも相手と同じようにエゴに影響されて、嫌なやつになっているということを自覚できるかが、ポイントです。

あなたのエゴを反応させてくれる人というのは、悪い人やダメな人なのではなく、あなたにとっては「重要なキーパーソン」なんです。なぜなら、わざわざあなたに嫌われるという誰も好き好んでやってくれない役回りを引き受けて、あなたが普段、心の奥にしまっておけるエゴを、表面まで炙《あぶ》り出してくれる人だからです。

そもそも、あなたがきちんとエゴの扱い方を知っていれば、その相手にイライラすることも、悲しませられることも、落ち込むこともありません。

原因は、相手ではなく、あなたにもあるという責任を引き受けることができるかどうかが、MEからYOU、そしてWEの世界へシフトできるかどうかの、最大のチェックポイントになるんです。

より深く見ていくと、あなたのエゴを反応させる人は、あなたのことをあなた以上に大切に思っている人です。

そうでなければ、わざわざあなたに嫌われるような役を演じてくれません。

「一番向き合いたくない人・こと」との「間（関係性）」に、奇跡が隠されています。

「人の動機は100％愛」

「エゴの奥には、必ず愛がある」

このことをぜひ、覚えておいてください。

エゴは、関係性を育むためのギフトであり、

エゴの本当の正体は、愛を経験するための愛です。

「あなたが今一番会いたくない人は誰ですか？
その人はどんな愛を伝えようとしてくれていますか？」

嫌な人との間に愛を見出す

世界中でベストセラーになったニール・ドナルド・ウォルシュの『神との対話』（サンマーク出版）に、このような話が出てきます。

まだ生まれてくる前の光の世界で、小さな魂が「僕は〈ゆるす〉ということを経験してみたい」と願うのです。

でも、光の世界には分離もないし、そもそもゆるせない相手がいないので、〈ゆるす〉という経験ができませんでした。

〈ゆるす〉という経験をするには、〈ゆるせない〉という行為をする役割の人が必要になります。そんな嫌な役割を誰もやりたがる人はいません。そんな時に、名乗り出た魂がいたのです。

「私がやります。私があなたにゆるす経験をさせてあげます」と。

小さな魂は、そう名乗り出てくれた魂に聞きました。

「どうして、そんな嫌な役をやってくれるの？」

名乗り出た魂は答えました。

「あなたのことを愛しているから」

さらにこう続けました。

「あなたの次の人生で、私が〈ゆるせない人〉になるわ。そして、あなたにもっともひどいことをする。そうしたら、あなたは〈ゆるす〉ということを経験できるのよ」

そして、最後にこう言うのです。

「でも、ひとつだけ忘れないで。私があなたに、思いつく限りのひどいことをした、その時に……どうか本当の私たちを、思い出してほしいの」

わざわざ、あなたに問題を与える嫌な役割を演じてくれるのは、あなたのことを誰よりも愛してくれているからです。こう考えると、嫌な人との間にこそ、最大の愛を見出せます。

〈ゆるす〉という経験を成り立たせてくれるのは、〈ゆるせない〉人の存在です。怪獣がいなければ、ウルトラマンというヒーローも存在しないんです（笑）。

怪獣役は、誰だって本当はやりたくないんです。

僕の友人の話で例をあげましょう。

彼は信頼する人に裏切られ会社もクビになり、誰も信じられなくなった時期があります。ご飯も喉を通らなくなり、体重が25キロも落ちた。そんな彼を見た知り合いは、ガリガリに痩《や》せた彼に驚愕《きょうがく》し悲鳴をあげるほどだったそうです。そんな暗黒の日々に救いを求めて、藁《わら》をもつかむ思いで出合ったのが、僕の本だったそう。それで、人生が大きく変わって、今は生きるのがすごく楽しいのだとか。

彼が僕にこう言ってくれました。

「僕を裏切った人たちに、今ならこう言えます。

『いい役割をしてくれた』

おかげで、僕はひすいさんに会えたんだから」

良い悪い、好き嫌いではなく、「お互いの関係性に隠されている役割」を見ようとする時、そこに「愛」が見えてきます。嫌な人は、あなたが望んでいる経験を演出するための敵役《かたきやく》を演じてくれているのです。

それも友情出演。ギャラなしで！（笑）

あなたがゆるせないと思えるあの人は、あなたにどんな経験を与えてくれる役割をしてくれているのでしょうか？

一度、考えてみましょう。

僕は、トム・ハンクスの映画『クラウド アトラス』が好きなんですが、最初、映画館で観た時、しばらくイスから立ち上がれないくらい圧倒されました。

映画案内にはこうあります。

「過去から未来へ。５００年の時を超え、受け継がれる意志が革命を起こす。

（トム・ハンクス演じる）主人公は、６つの時代と場所で、６つの人生を生きる男。その人生は悪人で始まるが、様々な数奇な経験を経て、ついには世界を救うまでに魂が成長していく男の物語だ。２度のアカデミー賞に輝く名優トム・ハンクスが、これまでのキャリアのすべてを注ぎ、次第に変化していくキャラクターを演じ切った」

映画の中ではトム・ハンクスが、過去、現在、未来にまたがる５００年の間の６つの生まれ変わりを演じるわけですが、トム・ハンクスの愛を引き出すのが、辛い経験だったり、悪役だったりするんです。

500年という生まれ変わりのスパンで人生の流れを見ると、良いことも悪いことも、思いどおりにいかないことも、すべては「愛を深める物語のプロセス」なんだと、映画を観て体感しました。

「点」で人生を見ると、その瞬間の「幸・不幸」、「運・不運」はあります。しかし、人生をひとつの物語として「線」で見ると、すべては愛を深める伏線《ふくせん》なのだと、見えてくるのです。

こうとも言えます。

不幸や辛い出来事は、未来からの宿題。
未来のあなたがさらに輝くための宿題。

『クラウド アトラス』もぜひ観てみてね（大ちゃんも一番オススメの映画だって）。

そして、あなたの敵役をしてくれているあの人に、そっと心の中でこう伝えてあげてください。

「タダ働き、ありがとな」

ドラマとは恐れの寸劇

私たちは、生きるうえでよく「ドラマ」にはまります。

ここでいう「ドラマ」とはテレビドラマのことではなく、日常の現実の中で、昼ドラのようなドロドロの人間関係、トラブル続きのストーリーが起きてしまっている状態のことです。

テレビドラマを観ている時は、客観的にドラマ全体を把握《はあく》できているので、「もう、何でそんなことするの！　本心は違うでしょ」とか「あぁ、こんなふうにすれ違ってしまうんだ」と、登場人物の気持ちとその周囲で起きている出来事を見つめることができます。

ですが、いざ自分の人生におけるドラマとなると、主人公であるあなたは、なぜこんなことが起きていて、どうしたらいいのかがわからなくなります。

そして、ドラマにはつきものの、愛と憎悪の人間模様が生じていくのです。

このような状態を**「ドラマ＝恐れの寸劇」**と呼んでいます。

なぜドラマが生まれるのかというと、エゴに影響されている人は「愛には限りがある」と錯覚し、限られた愛を奪い合おうとしてしまうからです。

エゴに飲まれている状態の人は、いつも「どこか満たされていない」という気持ちを感じています。その満たされていない欠乏感を埋めるために、周りの人からエネルギーを奪い、自分のエネルギーを保とうとします。相手をバカにすることで優越感を味わったり、誰かを批判して自分を正当化するなどは、その典型です。

そうすると、エネルギーの奪い合いが始まり、周りの人との間に問題が起き、それがドラマを生み出す原因となります。

自分を否定する、他者を否定する、「自分は愛されていない」「自分には価値がない」ということを言っている人も、ドラマの真っ最中です。

自分が悲劇のヒロイン（ヒーロー）を演じるために、周りの人に必要な役割を演じてもらえるよう、周りをコントロールしているのは、実はあなた自身です。

「周りや相手がこうだから、私はこんな気持ちになるんだ、こんな反応をしてしまうんだ」という言い訳は、ドラマにはまっている人の口癖です。

自分で自分を満たす力（自浄作用）を育まない限り、いつまで経っても周囲からの愛を求めてしまいます。

ドラマという自作自演の寸劇は、
原作：あなた
脚本：あなた
監督：あなた
主演：あなた
友情出演：あなたを愛している人たちです。

変化を恐れる人ほどドラマにはまり、人を変え、場所を変え、タイミングを変え、何度も同じテーマに向き合わざるを得ない状況に陥ります。

ドラマから卒業するには、「繰り返している自分のパターン」を自覚し、自分が本当は何を欲しているのかを思い出し、「ドラマにはまっていない人からのフィードバック」を素直に受け取ることが大切なのです。

Call for love.
愛を求める声

人が人に対して冷たく接したり、そっけなく接したり、わざとからかってみたり、いじめてみたり、無視をしてみたり、依存してみたり。

これらは、ヘレン・シャックマン著の書籍『奇跡のコース』（ナチュラルスピリット）の中で、「Call for love.（愛を求める声）」と呼んでいるものです。

自分のことを、もっと見てほしい。
自分のことを、もっと理解してほしい。
自分のことを、もっと愛してほしい。
そして、あなたのことをもっと愛させてほしい。

そんな叫びにも似た、愛を求める声を誰もが持っています。

「どうせ、私なんて‼」
＝「こんな私でも愛してほしいの‼」

「お前に、俺の何がわかる‼」
＝「俺をもっと愛してくれ‼」

「誰も、私を理解できるはずがない‼」
＝「みんな、こんな私を理解して愛して‼」

私たちはただ、お互いを理解し合いたい、本当は愛し合いたいと思っているだけ。

感情の表現方法を知らない人や、深いレベルで人とつながったことがない人たちは、自分を傷つけ、相手を傷つけることで、必死にお互いのつながりを確認しようとしているんですね。

そういう時は、自分や相手が「Call for love.」をしていることに気づいて、**「本当は、もっとあなたを大切にしたいし、一緒にいたいよ」**って伝えてみてください。
そして、**「そんなに不安にならなくても、ちゃんとそばにいるから大丈夫だよ」**と伝えてみてください。

元気な時のあなたも、落ち込んでいる時のあなたも、自分を傷つけてしまったり、誰かに依存したくなる時のあなたも、それらの言葉や行動は、すべて「Call for love.」。

ただ、愛を求めているだけだと気づくことができたら、自分にも相手にもきっと、少しだけやさしくなれると思います。

豊かさマインドと欠乏マインド

あなたに質問です。
あなたは、この世界が豊かさで満ちあふれていると思いますか？
それとも、この世界には限られた資源しかないと思いますか？

この世界をどう捉えているかで、ＭＥの世界（私）にとらわれるか、ＷＥの世界（私たち）で分かち合う生き方ができるかが決まってきます。

世界には豊かさが満ちあふれ、分かち合うほど増えていくと考えている人は、豊かさマインドで生きています。一方、**世界の豊かさは限られており、与えたら自分の取り分が減っていくと考えている人は、欠乏マインド**で生きています。

例えるなら、欠乏マインドの人は、世の中の豊かさや幸せには限りがある。だから自分で取りにいかないと回ってこないという、1つのパイを奪い合う世界に生きています。

仮にパイを8等分して、1つを食べたら、残りのパイは7つしかありません。

そうなると、できたらそのパイを自分のところに残しておきたい、人にあげるとなくなってしまうのが怖い、という発想になります。

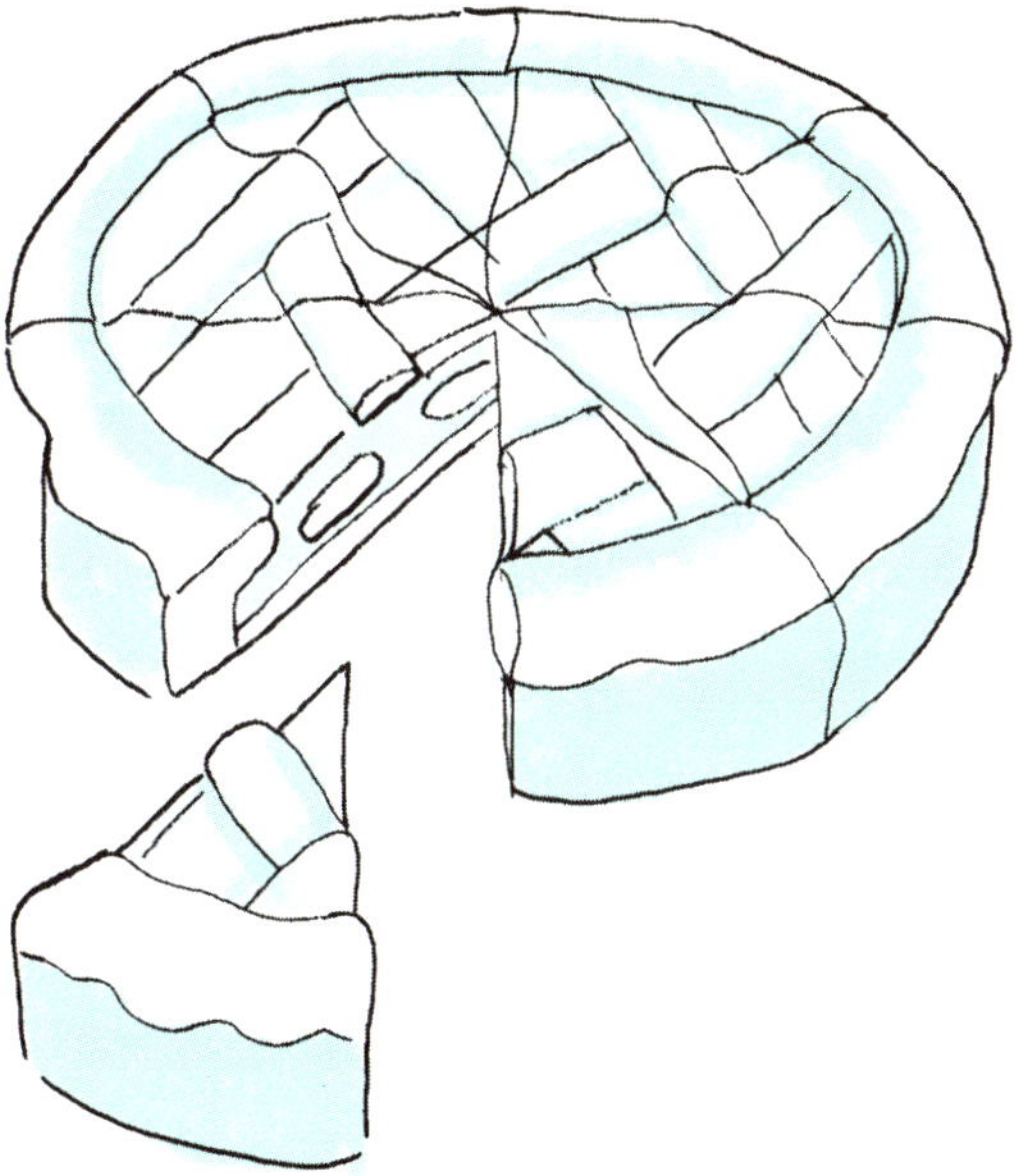

一方、豊かさマインドの人を例えるなら、**ロウソクの火**です。

ロウソクの火は自分の火を周りに与えても減りません。むしろ、与えれば与えるほど周りが明るくなっていきます。

これが豊かさマインドの世界観であり、ＷＥの世界です。

しかも、ロウソクの火は闇を打ち消すのではなく、闇と共存している灯りだからこそ、おだやかでやさしいんです。

豊かさマインドは、「自分は何を、誰と分かち合うことに喜びを感じるのか？」を知ることから始まります。

欲しがるのではなく、与えること。
奪い合うのではなく、分かち合うこと。

まずは、今の自分に無理のない範囲で、与えることから始めてみてください。

自己犠牲でがんばって与えても、そこに幸せはありません。喜びながら分かち合っていく経験を通じて、徐々に自分も満たされ（あなたのロウソクの火も大きくなり）、自然と分かち合うことができる豊かさマインドにシフトしていきます。

ちなみに、神社も豊かさマインドそのものを象徴しています。たとえば、八幡神《やはたのかみ》を祀《まつ》っている神社を八幡神社といいますが、この神社は全国になんと8000社以上あるといわれています。これは「分け御霊《みたま》」といわれ、本社の御祭神を分けて、別の場所にお祀りすることを指します。神様も分けたら増えるという考え方なんですね。八幡神は分けに分けて、今や日本一の神社の数になっています。ちなみに、日本で一番神社が多いのは、ひすいさんの出身地、新潟県です。

この世界を、喜びながら分かち合い、豊かさで満たしていきたいですね。

どんな心でするのか

年収億越え。保険セールス全国１５０万人の中でトップになった男が、ものの見方を伝える僕の「ひすい塾」に通ってくれていました。30代の古《ふる》田《た》真一《しんいち》さんで、僕の今のセカフザ仲間の１人でもあります。

彼は、保険セールスの頂点、ＴＯＴ（Top of the Table）に2年連続で輝いています。しかも〝営業をせずに〟頂点に輝いたんです。

彼がどのように豊かさマインドにシフトできたのかをお伝えしましょう。

27歳で生命保険の会社に就職した古田さん。しかし、そこで見たのは、ノルマに追われる現場。「これではお客さんに喜ばれない」と、１件も契約を取らないまま２カ月で独立。ここからが大変でした。

知り合いに電話しても嫌がられてまったく契約が取れない。結婚もして子どもも生まれたばかりだったため、これから家族をどう養っていこうかと不安でいっぱいになった。朝起きると寝汗でびっしょりなんてこともしょっちゅうでした。

この時、仕事の目的について真剣に考えたそうです。

そして、たどり着いた仕事の目的は「お客さんに喜んでもらうこと」でした。

もし、１日３人の人に会って、その３人を喜ばせることができたら、１年で１０００人の笑顔をつくることができます。１年で１０００人の笑顔をつくれたら、その時は、自分の家族くらいは食べさせていけるんじゃないかと思えたら、初めて仕事に対してワクワクしてきたのだとか。

そして、この１年は、ひたすら出会う人の喜びのために生きてみようと決意した。

１年やりきってダメなら、もう保険の仕事はあきらめよう、と。

セールスをすると嫌がられるので、自分からは営業の話はしないと決めた。また、人を笑顔にするには、まず自分を幸せで満たすことが大事だと考え、毎朝シャワーを浴びる時に、そのシャワーを「幸せのシャワー」だとイメージして自分を幸せに満たしていきました。

そしてシャワーを浴びながら、今日出会う予定の人の最高の笑顔を想像するのです。

また、自分を幸せで満たすために、スケジュール帳には一番大切にしたい家族との時間を優先的に書き込むようにしました。

初めは、お客さんもいないから、お母さんと実家で飼っている犬を喜ばせることから始めたそう。そうこうするうちにお客さんができ、そのお客さんがまたお客さんを紹介してくれるという、いい流れが始まったのです。

とはいえ、ベストを尽くしても、保険を契約してくれない人もいて、そんなことが続くと、さすがにストレスを感じることもあったそうです。

それでも毎朝、シャワーでハッピーを満たし、「喜ばせたい人リスト」をつくり、彼らを大好きだという気持ちで会いにいっていた。そして、その人たちの悩みを聞いたり、夢を聞いたり、自分にできることがあれば純粋に応援し、「今日、古田くんと会ったら笑顔になれた」と言われたら、その日の営業はマルにした。

すると、どうなったのか?

想いを尽くした相手が契約してくれなくても、なぜかまったく別の人から、不意な大口契約が決まるようなことが続いたのだとか。

そして、そんなことが何年も続いたのです。

それで古田さんは確信したのです。

見返りは一切、求めなくていい。
むしろ見返りがない時ほど、まったく関係ない明後日《あさって》の方向から大口契約の話が舞い込んできたりする。

だから、もう、見返りなんか気にしないで、余計なことは考えず、ただただハッピーな気持ちで自分を満たして、上機嫌に幸せを周りに投げかけ続ければいい。古田さんは、そんな境地に至るのです。

すると、そこからは加速度的にお客さんがお客さんを呼び、いつの間にか１０００人を超えて、なんと全国の保険セールスマン１５０万人の頂点に輝いていたのです。

彼はこう言っています。

「成功はするものではなくて、させてもらうもの」

見返りを求めず、喜びの中で分かち合うほどに、なぜか自分が一番豊かになってしまう。与えると増える。これが豊かさマインドです。

そして彼は今年、保険の歴史上、過去最高額の契約記録を叩き出して保険業界の歴史に名を残してしまったのです。営業せずに、です！

僕らはみんなつながっているし、大きな循環の中で支え合っている。だから投げかけたものは、必ずどこかから返ってくるのです。

僕は古田さんに「嫌な人っていないの？」って聞いてみました。彼曰く、いることはいるそうです。たとえば初対面で会って、最初は目を合わせてくれない人もいるのだとか。でも、古田さんは、そんな人こそ「この人はどういう生き方をしてきて、こういう人になったんだろう」と逆に興味を持って、一生懸命その人の考え方を聞いちゃうのだとか。すると次第に、その人が心を開いてくれて、いい人になってしまうそうです。

相手を嫌な人にしているのは、自分なのかもしれません。

どんなに嫌な上司でも、その人を愛してる奥さまとかいますからね（笑）。

表面的には嫌な人も当然いる。でも古田さんは、その人のこれまで生きてきた背景を理解し、その人の奥に隠された光を見たいと言います。

そして仮に喜ばれなくても、「役に立てず、ごめんね」くらいの軽い気持ちで流しているのだとか。

相手がどう感じるかは、自分で決めることはできません。

ならば、自分で決めることができないことは気にしない。

古田さんの毎日は、ただただ自分を満たし、あふれた幸せを喜びの中で投げかけ続けるだけなのです。結果を気にせずに。

古田さんはパズルのピースとピースを結ぶ、パズる達人だって思いました。

だから彼の人生は奇跡が起き放題なんです。

古田さんと話していていつも感じること。
気持ちがピュアで、清々《すがすが》しくて、軽やかなんです。彼は毎日自分をハッピーシャワーで満たしているので、いつも超ご機嫌です。ハッピーの深さがあるとしたら、彼は「深度1000ハッピー」なんです。
深度1000のハッピーで1人の人に投げかけたら、戻ってくるのは
1000ハッピー（心の深さ）×1人（行動の数）＝1000ハッピーです。
でも、深度1ハッピーの人が1人に投げかけたら、
1ハッピー×1人＝1ハッピーにすぎません。

何をするかも大事ですが、どんな心でそれをするのかがもっと大事なんです。

どんな心で×何をするか＝未来だからです。


雑にしたら、どんな大切なことも雑用になっちゃうんです。

あなたの心の状態「幸せの深度（純度）」が、返ってくる現実の大きさを決めるのです。

今日出会う人は、みんなあなたのパズルの一部です。だとしたら、最高にハッピーな気持ちで、相手を自分のかけらだと思って大事に接したいですよね。


大切にしたものから、大切にされる。それが人生です。

この章の最後に、マザー・テレサの言葉を贈ります。


「私たちは偉大なことはできません。

偉大な愛で小さなことをするだけです」

第4章

WEの世界の「ものの見方」

かたよらない、ものの見方「中庸《ちゅうよう》」

ピースとピースを結び「奇跡」を起こすために必要な「勇気」と「思いやり」を第2章で学び、奇跡が起きるのを阻んでいる「エゴ」についても第3章で見てきました。

いよいよ準備が整ったので、ここからはＷＥの時代に必須となる「かたよらない、ものの見方」についてお伝えしていきます。

さて、ここにお水の入ったグラスがあります。

これを、もう半分しかないと思うか？
まだ半分もあると思うか？

「『半分しかない』じゃなくて、『半分もある』というポジティブ・シンキングで考えましょう」というのが世の通説ですが、実はこの見方も、かたよっているのです。

まだ半分もあるとポジティブに思った方は、「わーいわーい、まだ半分もある。飲んじゃおう」とペース配分を考えずに能天気に飲み干してしまい、後で水がなくて困るなんてこともありえます。

かたよらない、ものの見方から見ると、**「コップに水が半分入っている。以上」**になります（笑）。

どちらかにかたよらず、事実をありのままに受け入れる。それが、真ん中から世界を見るための出発点です。

そのうえで、自分はどうしたいのか、感情的にもブレず、思考で考えすぎることもなく、自分がつくりたい未来のために、最善だと思うことを選択していく。

これが、真ん中（中庸）から世界を見る見方です。

大成功している華僑《かきょう》の人たちを研究した『華僑　大資産家の成功法則』（実業之日本社）の著者・小方功《おがたいさお》さんは、たくさんの成功者・失敗者を研究したうえで、こう結論づけています。

「成功者に法則はなく、失敗者のみに法則がある」

その人にあったやり方があるので、人の数だけ成功法則はあるが、失敗する人には共通する法則がある、と。

失敗する人が必ず共通していること。

それは……、

問題を人のせいにする習慣です。

失敗する人は、社長が悪い、立地が悪い、従業員が悪い、時代が悪いなど、必ず何かのせいにしていたのだそうです。つまり、失敗する人は、「自分の都合」というメガネからしか世界を見ていないのです。失敗する人は、自分にかたよっているわけです。だからといって、自分の都合を手放して、相手の都合ばかりに合わせていたら、今度は自己犠牲になってしまいます。

「ＭＥ」……自分の本音だけを大切にしていたら「自己中」。

「ＹＯＵ」……相手のことばかり優先していたら「自己犠牲」。

「ＷＥ（中庸）」……私とあなた、どちらの幸せも実現している「私たちの幸せ」。

これがビューティフル・ハーモニーです。


私とあなた、両方を大切にできて初めて、キミとボクのパズルのピースがカチッとつながるのです。

それがかたよらない考え方、「中庸」といわれる、ものの見方です。


あれかこれかでも、あっちかこっちか、でもない。

あれもこれも、あっちもこっちも大事にできる。

それが、ＷＥの世界です。

陰・陽・中庸

勇気を出して、自分の気持ちを大事にできたら（ＭＥ）、
思いやりの心で、相手の気持ちを大事にする（ＹＯＵ）。
そうすることで、中庸（ＷＥの世界）が始まる。
この３ステップを、「陰・陽・中庸」と表現しています。

中庸に至るための道は大きく２つ。
「陰から陽を経て、中庸にいく」か、「陽から陰を経て、中庸にいく」かです。

たとえば、
今までずっと嫌なことばかりしてきた人は（陰）、
もう嫌なことはやめて、好きなことをする人生を生きよう（陽）
という考えを取り入れることで、真ん中（中庸）に至ることができます。

一方で、今まで好きなことばかりして、嫌なことや人を避けてきた人は（陽）、嫌なことや避けてきたこととときちんと向き合う（陰）ことで中庸に至ることができます。

陰とは主に、自分の中にある制限や条件、我慢や抑圧で、陽とは主に、自分にとって楽しいことやポジティブなことです。

陰にかたよっている人は陽を実践し、陽にかたよっている人は陰を実践することで、中庸に至ることができます。

どちらにかたよっているかで、次に必要な行動が変わるんです。

他の例でも見ていきましょう。

「自分の直感を信じたらうまくいく」という話をよく耳にしますが、これも陰・陽・中庸で見ていきましょう。

今まで、自分の本音を信じてこなかった（陰）人たちにとっては、自分の直感を信じる（陽）ことは有効ですね。

ですが、すでに自分の本音を信じて、ある程度行動してきた（陽）人たちが、さらに自分の直感を信じる（陽）と陰陽が統合されずに、陽にかたよりすぎてしまうことがあります。

たとえば、自分の直感を信じすぎるがあまり、周りの人の声を聞かなくなったり、直感と思いつきで行動するだけで論理的に物事の道筋を考えることを避けてしまったりします。陽にかたよりすぎると、陰に取り組むのが億劫《おっくう》になり、陽ばかりが大きくなってしまって、バランスを崩すことになります。

・自分の直感に従う。
・ピンときたものを選ぶ。

などは、一見正論のように聞こえますが、言葉にとらわれるのではなく、自分の状態とすり合わせながら、中庸を生きていきましょう。

また、中庸が大切だからといって、陰か陽にかたよっていることを悪いことだと思わないでください。**良い悪いの判断がある時は、中庸じゃないということ**ですから。

「私は今、陰にかたよっているな。でもしばらく陰を味わおう」とか、「しばらくは陽全開でいくぞー！　いえーい！」という軽い気持ちで楽しんでください（笑）。

中庸を生きる時に大切なのは、**中庸からブレない自分をつくるのではなく、ブレても、いつでも戻ってこられる自分をつくること。**

ブレてもいいよ、いつでも戻ってくればいいんだから。
傷ついてもいいよ、いつでも癒《いや》せることを知っているから。
間違ってもいいよ、いつでも何度でも選びなおせるから。
Aでも、Bでも、いいよ。どっちも素敵だね。

これが本当の中庸です。

遊び心

かたよらない「中庸」で世界をとらえられるようになると、１枚のパズルを俯瞰《ふかん》して上空から眺めているような「鳥の目」の状態になれます。

　すると、今まではどうしたらいいかわからなかったことの糸口が見えてくるんです。

　中庸からパズルのピースとピースの位置が見えてきたら、今度は「ＷＥメガネ」をかけます。

「ＷＥメガネ」というのは、エゴを越えてみんなの幸せが実現する１点を見出す視点です。そのためのヒントは、ピラミッドにあります。

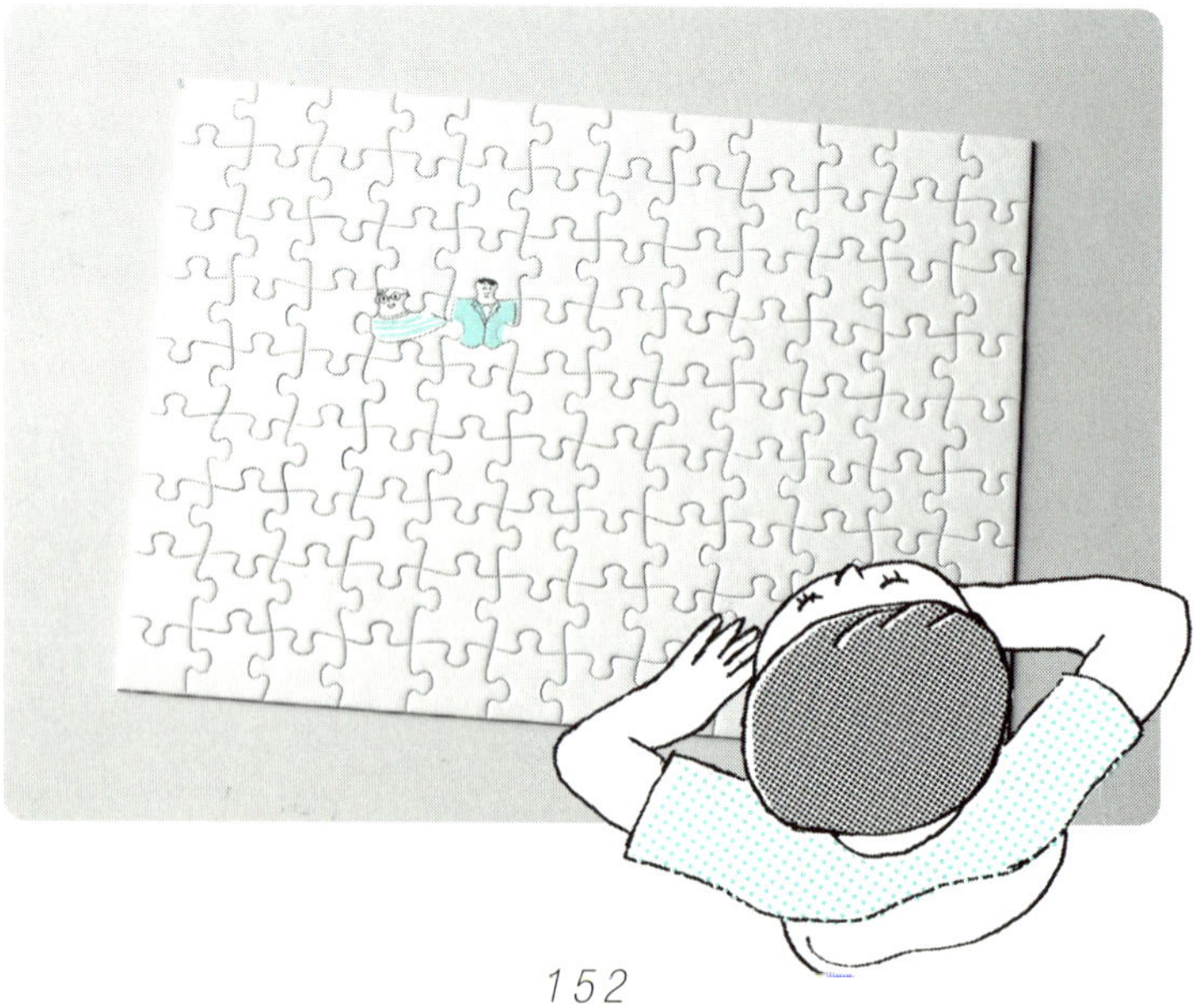

ピラミッドの底辺には、４つの角があります。

４つの角は、テッペンでは１つになります。僕らがこれから「最高の未来」を迎えにいくにあたり、目指すべき考え方のヒントがこのピラミッド構造にあります。

近江《おうみ》商人は、「売り手良し、買い手良し、世間良し」の「三方《さんぼう》良し」の理念を受け継いできましたが、ひすいの友人であり、日本一の折箱会社、ヤサカの経営者・小澤勝也《おざわかつや》さんはそこに天を加えて、「売り手良し、買い手良し、世間良し、天も良し」の「四方良し」を経営理念に掲げています。天も良しというのは、僕の言葉で言うならば、１００年後の子どもたちの笑顔につながっているかという視点です。

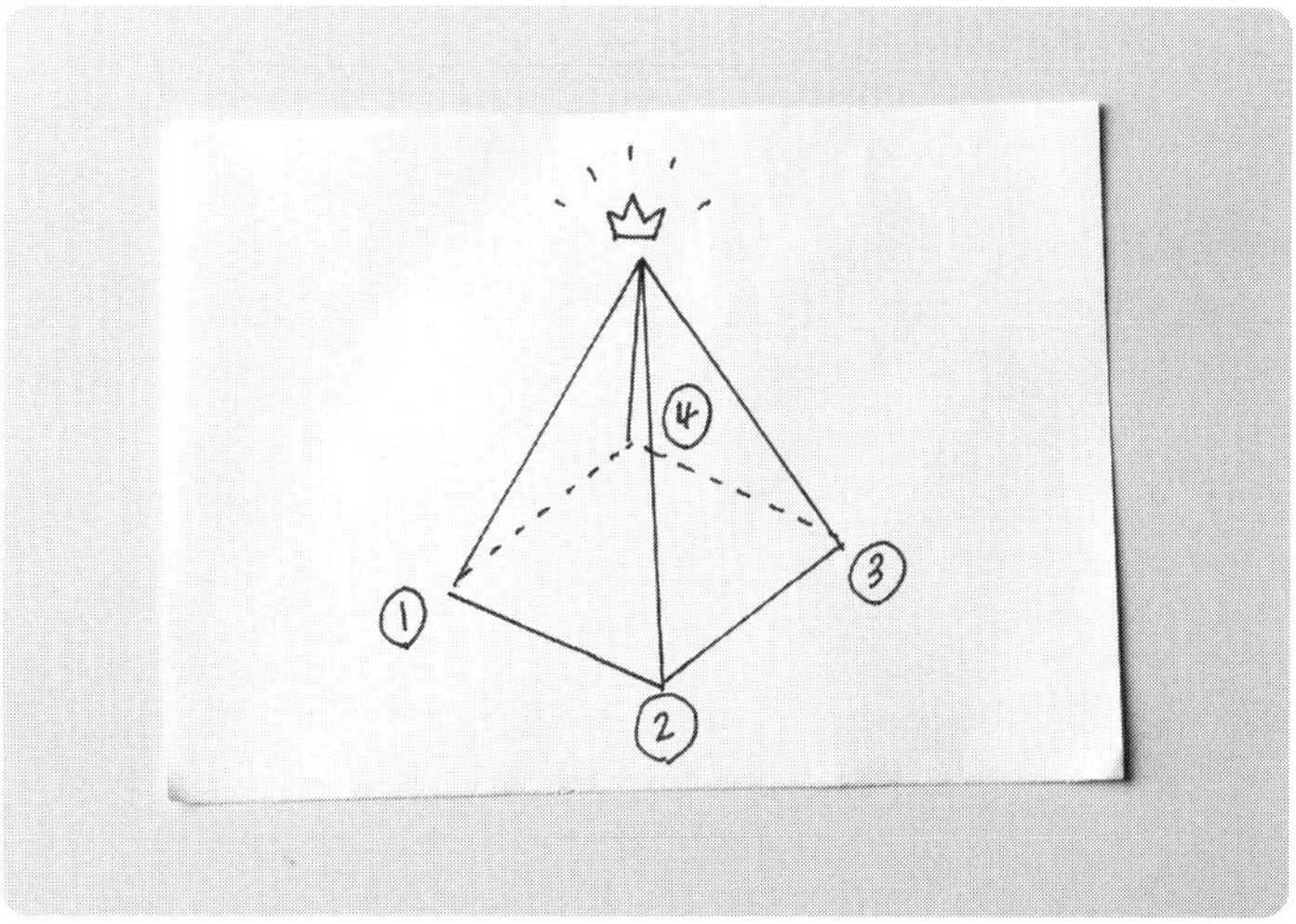

底辺では、4点の別々の思惑（エゴ）。しかし、エゴを乗り越えて頂点でみんなの喜びを1つに結ぶのです。それが「WEメガネ」です。

全部が「良し！」になるような1点を見つけ出す「四方良し」の哲学。4つが合わさって、まさにみんなが「四合わせ（しあわせ）」になる考え方です。

「Our Happy」を「見える化」したものが「ピラミッド」です。

うまくいかない時は、自分の都合（1点）でしか考えることができていません。これは1点思考ですから、面積はゼロ。

私とあなたの都合、両方を満たそうとすると点は線になり、私とあなたと世間を満たそうとすると線は面になり、私とあなたと世間と天まで満たそうとすると面はピラミッド（四角《しかく》錐《すい》）になります。

面積が大きくなるにつれて、時代の流れに乗れるんです。

僕が大好きな幕末の革命家・坂本龍馬は、まさにこの「WEメガネ」で、幕末という時代を上から俯瞰してパズルを組み立てていく、奇跡の視点を持ち合わせていました。

江戸幕府というのは、さまざまな文化が熟成した良い面ももちろんあるのですが、さすがに250年以上も続き、幕末の頃には制度疲労も起きていて、龍馬の言葉で言うところの「日本を今一度、洗濯致し申候《もうしそうろう》」という状態にあったのです。

そんななか龍馬は、①長州藩、②薩摩藩、③土佐藩、④江戸幕府という、いがみ合っていた4つのパズルのピースを、どこからも血が流れない「無血革命」を目指しながら、バラバラになっていた藩を「日本国」として1つにつなげていったのです。

まず龍馬は、憎しみ殺し合っていた長州藩と薩摩藩を利で結び薩長同盟を成します。飢饉でお米に困っていた薩摩藩に、長州藩からお米を送るように仕向け、幕府に目をつけられ武器の取り引きを禁じられていた長州藩には、薩摩藩から武器を送るように龍馬が間に入ります。憎しみを「利」で結んでいったのです。

そして薩長同盟が結ばれるや、今度はその薩長に、江戸幕府が武力で倒されないよう、生まれ故郷の土佐藩から大政奉還という、政権を朝廷に返すウルトラCの秘策を江戸幕府に提案させました。

どこからも血が流れない革命を成すために、龍馬は憎んでいた故郷の土佐藩をゆるし、なおかつ手柄を渡し、無血革命といわれた大政奉還を成し遂げたのです。

「あるものを、そのものとしては否定しながら、更に高い段階で生かすこと。矛盾するものを更に高い段階で統一し、解決すること」

そのことをドイツの哲学者のヘーゲルは「アウフヘーベン」と言いました。

まさに龍馬がやったことです。矛盾し合う各藩の思惑（エゴ）を乗り越えて、頂点で1つに結んだわけです。龍馬は、エゴを乗り越えた先の未来の「Our Happy」を見ていたんです。

ちなみに、龍馬は自分の活動を**「大芝居」**と表現しています。

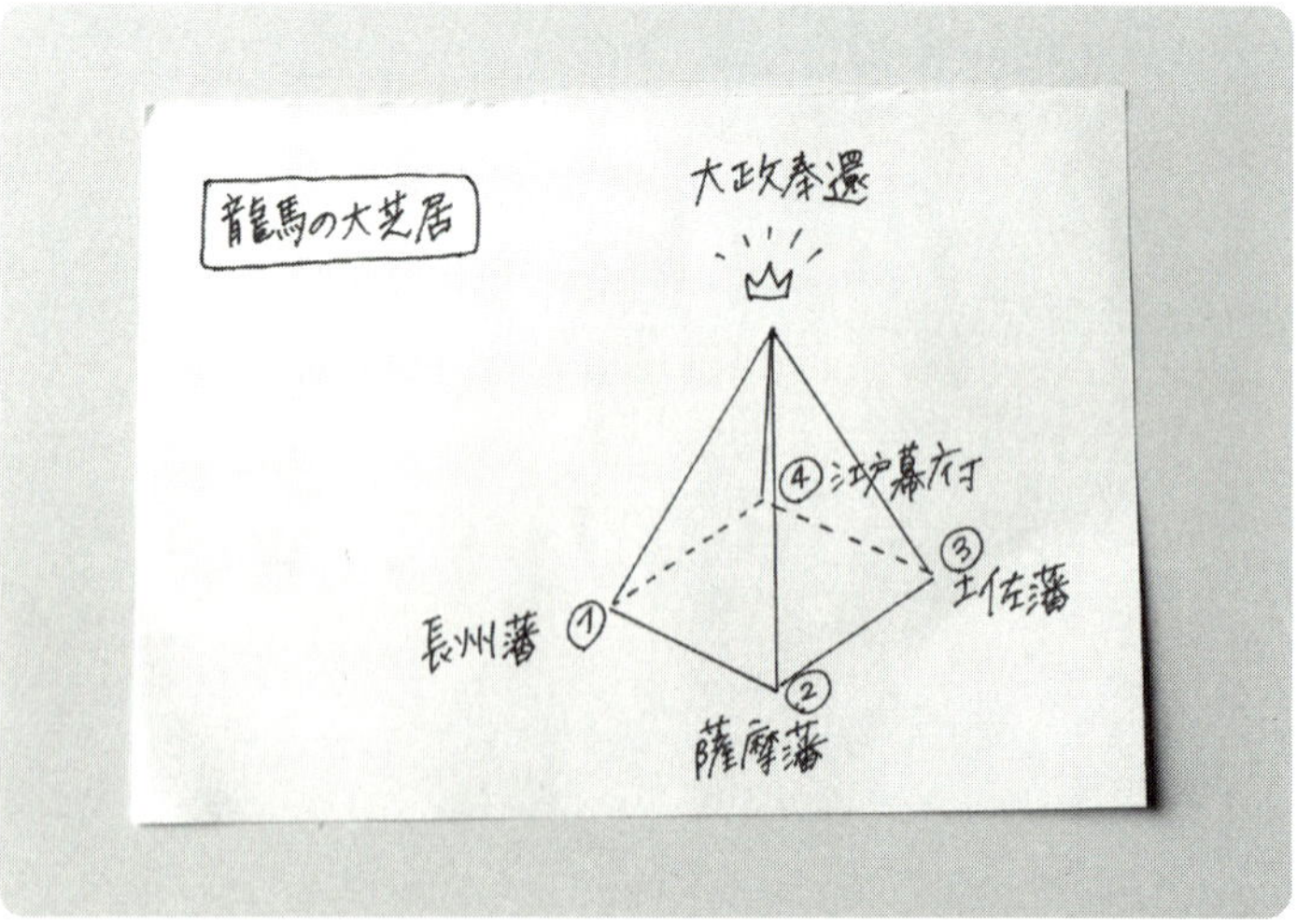

龍馬は、日本を舞台に、そんな大芝居を演じていたわけです。

大政奉還を成し遂げた龍馬は、新政府の役職を決められる立場にいました。でも、そこに自分の名を入れていないのです。命がけで革命を成し遂げておきながら、自分は役職に就かないなんて、世界的にもまず例はありません。西郷隆盛はそんな龍馬に衝撃を受け、こんな男は見たことがないと言わしめています。

では、龍馬は新政府の役職に入らず、何をしたかったのか。

龍馬は、柱に寄りかかりながら西郷にこう言ったそうです。

「世界の海援隊でもやりますか」

龍馬の生きる理由、大芝居の源には遊び心があったのです。

龍馬は、黒船で７つの海をまたにかけて冒険したかったのです。そのために、この国にフリーダム（自由）をもたらす必要があると考えていたのです。

つまり龍馬の動機は、遊び心だったんです。

「この国は許可なく他藩にも行けないほど自由のない国だから、変えなければいけない」ではなかった。

「世界を冒険したいから、いっちょこの国を洗濯しちゃいますか」だった。

眉間にシワが寄った「せねばならぬ」「しなければいけない」という恐れからくる重い思いでは、ピラミッドの頂上までいけないんです。

「世界に出て自由に貿易したい！　したい！　したい！」という自発的で軽やかな遊び心。ここがWEの世界のポイントです。

「しなければいけない」のではなく、「したい」。これが軽やかさです。

ちなみに、龍馬の妻のおりょうも、「私は家なぞいりませんから、ただ丈夫な船があればたくさん。それで日本はおろか、外国の隅々まで廻《まわ》ってみとうございます」と夢を語っています。龍馬に何度もその夢を聞かされていたからこそのセリフでしょう。

かたよらずに、遊び心で軽やかにパズルを眺め、それぞれの個と全体がもっとも調和がとれる1点を見出す。

そこにWEの世界が出現するのです。

動機と結果

私たちが何かをする時の動機には、「恐れと愛」という2種類があります。

恐れというのは、「～は嫌だから、こうしよう」、愛というのは、「～したいから、こうする」。

「動機が恐れなら、結果は恐れ。動機が愛なら、結果は愛」です。

たとえば、「今の仕事は嫌だ。自分の好きなことをして暮らしたい。だから起業するんだ」というのは、動機が恐れです。そうすると、好きなことをして起業しようとしても、なぜか嫌なことが目の前に現れて、結局前の仕事で向き合わなければならなかったことに向き合うことになります。

一方で、「子どもたちのために自分の経験を活かしたい。だから起業するんだ」というのは動機が愛です。

そのため、大変なことがあっても、自分のためだけでなく、子どもたちのためにという想いから、困難を乗り越えていくことができます。

「1人で生きていくのは寂しい。だから結婚したい」は動機が恐れ。

「まだまだ未熟な自分だけど、そんな私でも誰かのことを愛していきたい。そして、お互いに愛し合える関係を育んでいきたい」は動機が愛です。

WEの世界では、動機がとても重要になります。どんなに素晴らしいことをしていても、動機が恐れであれば、エゴによるドラマが生まれてしまう可能性があるからです。

逆に、どんなに素朴《そぼく》で、社会的に見たら大きな影響力がないことだとしても、動機が愛であれば、思わぬ奇跡が起きることが多々あります。

これまでの時代は、周囲に反対されても、自分の意志を信じて行動すれば結果がついてくる時代でした（陽）。

その弊害《へいがい》で、一部の人は周囲の声や社会の目を気にしすぎて、自分の本当の気持ちをなおざりにしてしまう傾向がありました（陰）。

これからの新時代は、自分のことも相手のことも大切にしながら、動機は愛で、陰陽を統合する中庸の時代です。

恐れの先に愛がある

「学校の先生を辞めて独立して、私が理想とする学校をやってみたい。そこは、子どもたちだけではなく、お母さんも元気になる学校で、若い先生を育てる教育もしたいし、不登校などで辛い思いをする子どもたちも通ってくる学校です」

そんな夢を持つ小学校の先生がいました。

しかし、この夢を叶えようとするとたくさんの恐れが出てきたそうです。

「今、先生を辞めたら、自分の子どもの学費は足りるの？　生活まで苦しくなるかもしれないよ。それは怖い。何より学校の先生であることを、とても自慢に思っている両親が大反対する。わざわざ先生を辞めなくても、子どもたちを元気にさせることはできるし、子どもたちのお母さんのことも元気にさせられるのでは……」

恐れが次々に出てきて、怖くて怖くて学校の先生を辞める決断ができなかった。

そんなある日、あるセミナーで両親に向き合うワークをしたそうです。

彼女は、父親にかなり厳しく育てられ、小学生の時は言うことを聞かないと木にしばられ、「誰のお金で生活しているんだ！　威張《いば》るな！」とよく怒られていたそうです。一方、彼女の母親はユーモアのある人で、謙遜《けんそん》も含め、娘である彼女のダメなところをネタにして近所の人に笑いをとっていました。彼女は、実はそれがすごく嫌だった。

そんな過去の両親に対して「お父さん、怒らないで！　お父さんのバカ！　お母さんのせいだ、お母さんのバカ！」と言ってみるようにワークで促されたそうです。

彼女は、泣きながら言葉を振り絞ろうとしますが、「お母さんのせいだ、お母さんのバカ！」が言えない。ワンワン泣いて、ようやく生まれて初めて両親を罵《ののし》るような言葉を吐き出せた。

すると突然、「あぁ、こんなに辛かった幼少期があったのに、私はお父さんとお母さんが大好きなんだ。お父さんとお母さんが喜んでくれるから、そして喜ばせたくて先生になったから、先生という職業を手放すのがこんなに怖かったんだ」と気づいたそうです。

「お父さん、お母さんに喜んでほしくてがんばる私。なんて健気《けなげ》なんだろう。なんて愛おしいんだろう。ありがとう、ありがとう」

そう思えた瞬間に力が抜けて、「もう、学校の先生を辞めてもいい。自分を生きていいんだ」と心の底から思えたそう。彼女は泣き止んで、その場で「私、学校の先生を辞めて、自分を生きる」と宣言しました。すると、奇跡が起きたのです！

なんと、その場で話を聞いていた元先生の方が「一緒にやろう」と言ってくれました。そして、場所も提供してくれる人がすでにいて、しかも、場所を提供してくれる工務店はなんと彼女の息子さんが職業体験に行ったところでした。

「この流れでいいよ」というシンクロサインです。

そして、ミーティングの日が決まったら、隣の地区の元教育長の先生も話を聞きたいと言ってくれ、ランチミーティングの先に向かったら、そのお店は、なんと彼女が勤務している学校の校長先生が早期退職して始めたお店でした。

はい、また、「この流れでいいよ」というシンクロサインです。

さらに、彼女が「やる」と決めたら、コンセプトも何も話してないのに高校時代の知り合いがいきなり、「娘を入学させたい」と言ってくれたそうです。

あなたのパズルのピースの位置が合っているかどうかは、このように現実がスムーズに流れ始めるか、シンクロが起きるかで答え合わせをすることができます。

こうして彼女は「自分を生きる学校」をスタートすることになったのです。

先生を辞めて、どうやって理想の教育をカタチにしていけばいいのか、彼女は、まったくわかりませんでした。でも、彼女が愛で宣言した時、理想の教育をできる場が向こうからやってきてくれたんです。

まさに奇跡です！

自分が描く未来を100点とするなら、宇宙（世界）が描いてくれる未来は10000点です。準備ができた時、宇宙は、必ず想像を超えてきます。

人生とは、「宇宙」×「自分」の共創造（co-creation）。

先手は、宇宙です。

共創造のポイントは、動機が愛だったことです。

彼女は嫌で学校を辞めるわけではありません。むしろ、楽しく先生をしていた。そのうえで、学校ではできない教育をしたいという望みが高まってきていたのです。まさに動機は愛。そして、恐れの先にあった、自分の両親への愛に深く気づいたうえで、自分を生きると宣言した。そう宣言した瞬間に、彼女がやりたかった理想の教育を実践できる場、「自分を生きる学校」への誘いがかかったわけです。

動機が愛の時、シンクロも奇跡も起き放題です。

京セラの稲盛和夫《いなもりかずお》さんも、物事を始める前には必ずこう問うそうです。
「動機善なりや、私心なかりしか」

種には、どんな花が咲くのか、あらかじめ情報が内包されています。
動機も、種のようなものなのです。
どんな花を咲かせるのか、動機の中に未来が内包されているのです。

動機が愛なら、結果もまた愛です。

関係性が深まるたびに奇跡は起きる《白駒《しらこま》妃登美《ひとみ》さん編》

結婚コンサルタントだった白駒妃登美さんが歴史に詳しいことを知り、「一緒に歴史の本をつくろう」と僕が提案した時、実は、彼女はガンが再発した直後でした。主治医に「この状態で助かった人を今まで見たことがない」と言われた後だったそうです。

主治医にそう言われて、白駒さんは目の前が真っ暗になった……。

「これから先、お子さんの世話をどなたにしてもらうか、まだ体が動くうちに、早めに家族で話し合って考えておいたほうがいい」

主治医の言葉が遠くに聞こえたそう。

白駒さんは言います。

「笑顔だけが取り柄だった私。でも、この日から笑えなくなりました。自営業の家庭に育った私は、両親から『人さまのお役に立ちなさい』と言われ続け、人前でいつも上機嫌でいるように、骨の髄《ずい》まで叩き込まれていました。それなのに笑えなくなってしまった。これは、私にとっては、生きている価値がないに等しいことです」

2人のかわいい盛りの小学生のお子さんをおいて先立たなければいけない。夜、子どもたちの寝顔を見ると涙が止まらなかった。毎晩泣いて暮らしたそうです。

白駒さんは、仕事は充実していたし、食事が悪かったわけでもない。年齢だってまだ40代。おまけに考え方だって超プラス思考。「なぜ、ガンが再発したの?」と現実を受け入れられず、ずっと泣き暮らしていたそう。そんなある日、友人がこう言ってくれた。

「私は、妃登美ちゃんが笑顔じゃなくても、どんなに不機嫌でも、生きていてくれるだけでうれしい」

家族の他にそこまで受け入れてくれる人がいるなんて……。

「実は、私は幸せなんじゃないか……。この時、自分がたまらなく愛おしくなりました。生まれて初めて、自分自身をまるごと受け入れることができたように思います」

自分を丸ごと受け入れられた時、今までずっと無理をしてきたことに気づいたそうです。泣きたくなる自分、弱音を吐きたくなる自分、誰かのせいにして逃げたくなる自分、そういう弱さを封印して、いつもプラス発想で明るく元気な自分を演じ、必死でがんばっていたんだな、と。すると、こんな気持ちが湧き起こってきた。

「5年後、10年後、ううん、それどころか1年後に私が生きているかどうかはわからない。でも、〝今〟という瞬間は、こうして元気に生きている。生かされている〝今〟に感謝しよう」

そう思えた瞬間……、

「ガンが治らなくても、本当に幸せな人生だなぁ」

と心から思えたのだとか。

この時に、今までずっと受け入れられなかった病気の原因は、過去にあるのではなく、未来にあるのではないかと思えたそうです。ガンを乗り越える過程が、未来の自分をより輝かせるために必要な体験になるのではないか、と。

病気は未来の自分からの宿題ではないか、と。

そう考えたら、見慣れていた景色が輝いて見え始め、希望と気力が湧き上がってきた。すると次の検査で奇跡が起きます。

なんと、ガンが消えていたのです……。

おかげで、僕との共著である『人生に悩んだら「日本史」に聞こう』（祥伝社）も無事完成し、白駒さんはその後も何冊も出版。現在、〝歴女〟として引っ張りだこの大人気で、全国を飛び回り、講演活動やメディア出演は、年間200回にも及びます。ガンの原因は、本当に輝ける未来のためだったのです。

「私は、妃登美ちゃんが笑顔じゃなくても、どんなに不機嫌でも、生きていてくれるだけでうれしい」という友人の言葉が、白駒さんがまるごとの自分を受け入れるきっかけとなったのです。


笑顔でいられなくてもいい。

人さまのお役に立てなくてもいい。

弱音を吐いてもいい。

泣いてもいい。

たった1人の友人がありのままを認めてくれたことで、白駒さんはより深く自分を認められるようになったのです。まさに中庸の状態です。


奇跡は常に2人以上。

これが2人で起こせる奇跡です。

「Your Happy」を思えない時期があっていい。
人の役に立てない時期があっていい。
悲観的に弱音を吐いてばかりいる時期があっていいんです。
だって、人間だもの。

映画『君の名は。』の新海誠《しんかいまこと》監督は、「楽しさ」をこう定義していました。

「楽しさというのは、喜怒哀楽《きどあいらく》の感情の起伏《きふく》すべて」

楽しいことだけが楽しいいんじゃないいんです。
怒ることも哀しむことも含めてすべてを味わうのが、生きる醍醐味《だいごみ》です。
一つひとつを全部味わった先に、ちゃんと気づきが訪れる。
そのことを信頼していてほしいと思います。

特に、病気や思いがけない災難に遭《あ》った方たちは、いきなりその状況を受け入れられるものではありません。嘆く時期だってある。泣き叫ぶ時期だってある。周りのことを考えられない時期だってある。

でも、そういう時期を経て、これまで溜め込んでいたものを解放し、中庸に戻るための大事なプロセスを生きているのです。

もし、あなたの大切な人にそういう人がいたら、そんな時こそ「大丈夫。それでも、あなたのこと大好きだよ」という想いで見守ってあげてほしいのです。その人の未来を信頼してあげてほしいのです。

そのやさしい視線《まなざし》が、奇跡を起こすからです。

第5章

愛とはひとつであること

私たちはつながっている

僕らが抱える悩みの多くは人間関係です。

たとえば、「絶対にゆるせないと思う相手がいますか?」というある調査に、「ゆるせない人がいる」と回答した人は54%でした。

特に30代の男性の場合、3割の人が「絶対にゆるせないと思う人が複数いる」と回答していました。

これでは生きにくいわけです。

「絶対にゆるせない」までいかなくても、

「アイツ、ムカつく!」とか、

「アイツだけには負けたくない」とか、
相手にネガティブな感情を持ってしまうこ

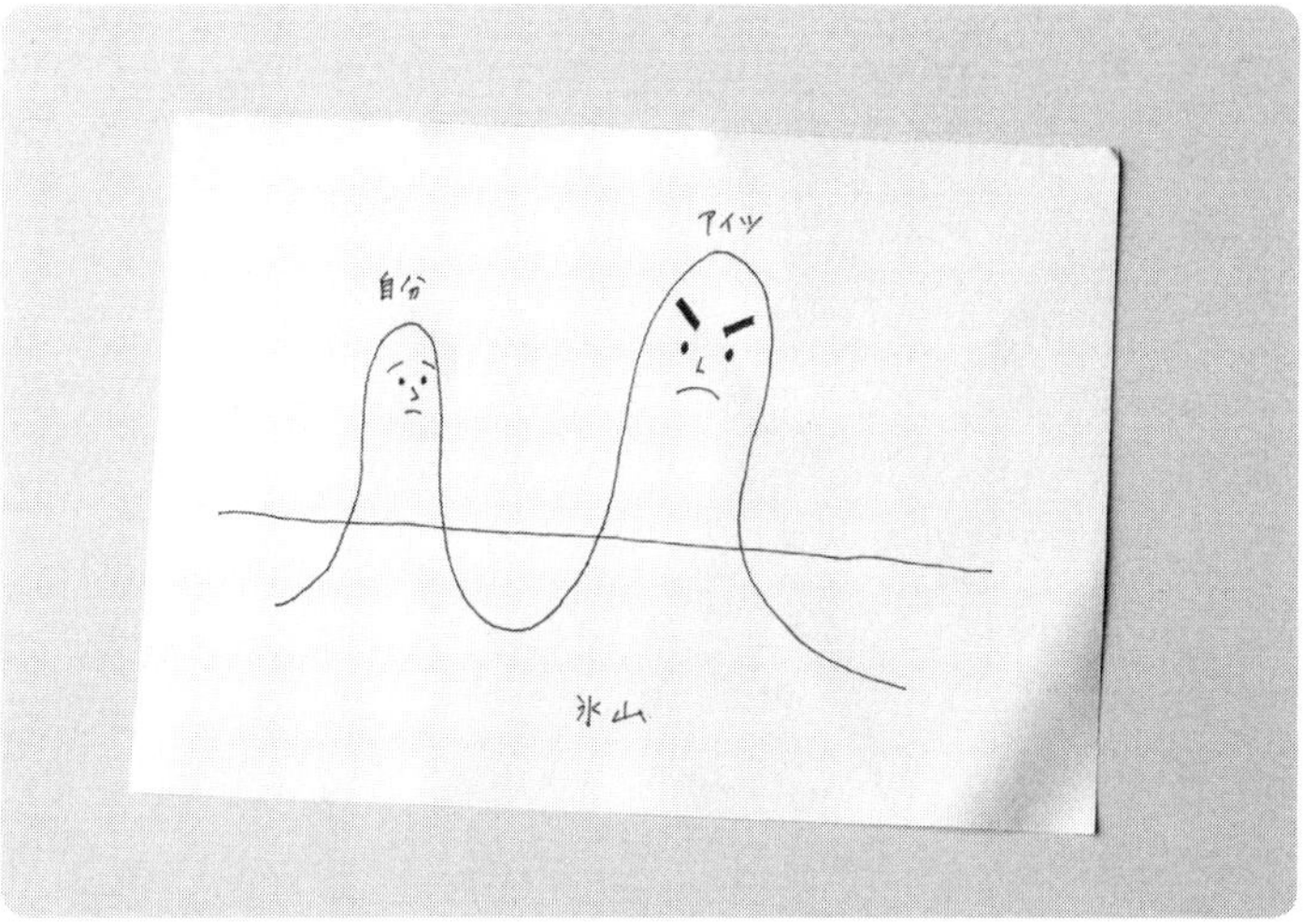

とは、普通にあると思うんですね。

そして、それは、この世界から一度も戦争がなくならないことの原因にもつながっていると思うのです。僕らの内側に平和がないから、外側の現実にも平和が訪れないのです。

でも、もし相手と自分がこういう関係であったとわかったらどうですか？（上図）

氷山のように、海の下ではキミとボクがつながっているとしたら……。

相手を責めることは、自分を責めることになってしまいます。

心理学者のユングは、この氷山のように人類の無意識層はつながっていると説き、それを「集合無意識」と呼びました。

ユングは「意識には3つの層がある」と言います。

海の上に出ている場所が、僕らが普段意識できる、自我を中心とした「顕在意識」。

海の下に隠れているのが個人的な経験から成り立つ、無意識の「潜在意識」。

さらにその下には、すべてとつながっている「集合的無意識」がある、と。

これまでの時代は、いかに潜在意識とつながって、自分という氷山を大きくするかという競争が行われていました。

でも、自分を大きくするよりも、もっと私たちの真の力を活かす方法があるんです。

私たちの真の力はどこに隠されているで

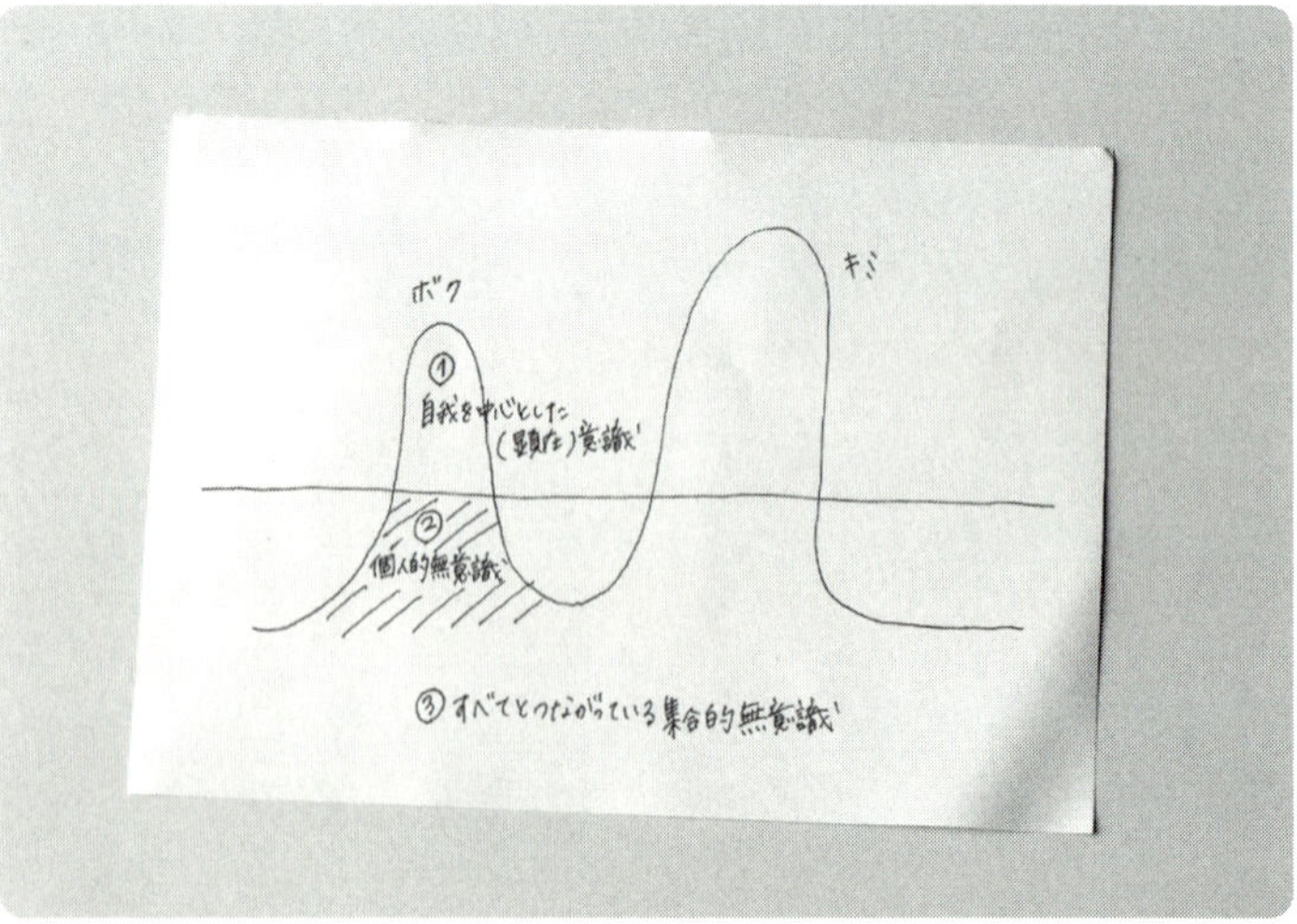

しょうか。

ヒントは、氷山が何からできているのかに注目すると見えてきます。

そうです。

氷山は「水」からできています。

もし、あなたが真の力を活用したいのであれば、**氷山を大きくする（自分を大きくする）のではなく、氷山を溶かしていく（自分を手放す）という、まったく逆のアプローチが必要なのです。**

私たちはこれまで、一生懸命自分を大きくしようとがんばってきました。

「本当によくがんばったね」と、僕も大ちゃんも、あなたをよしよししてあげたい気持

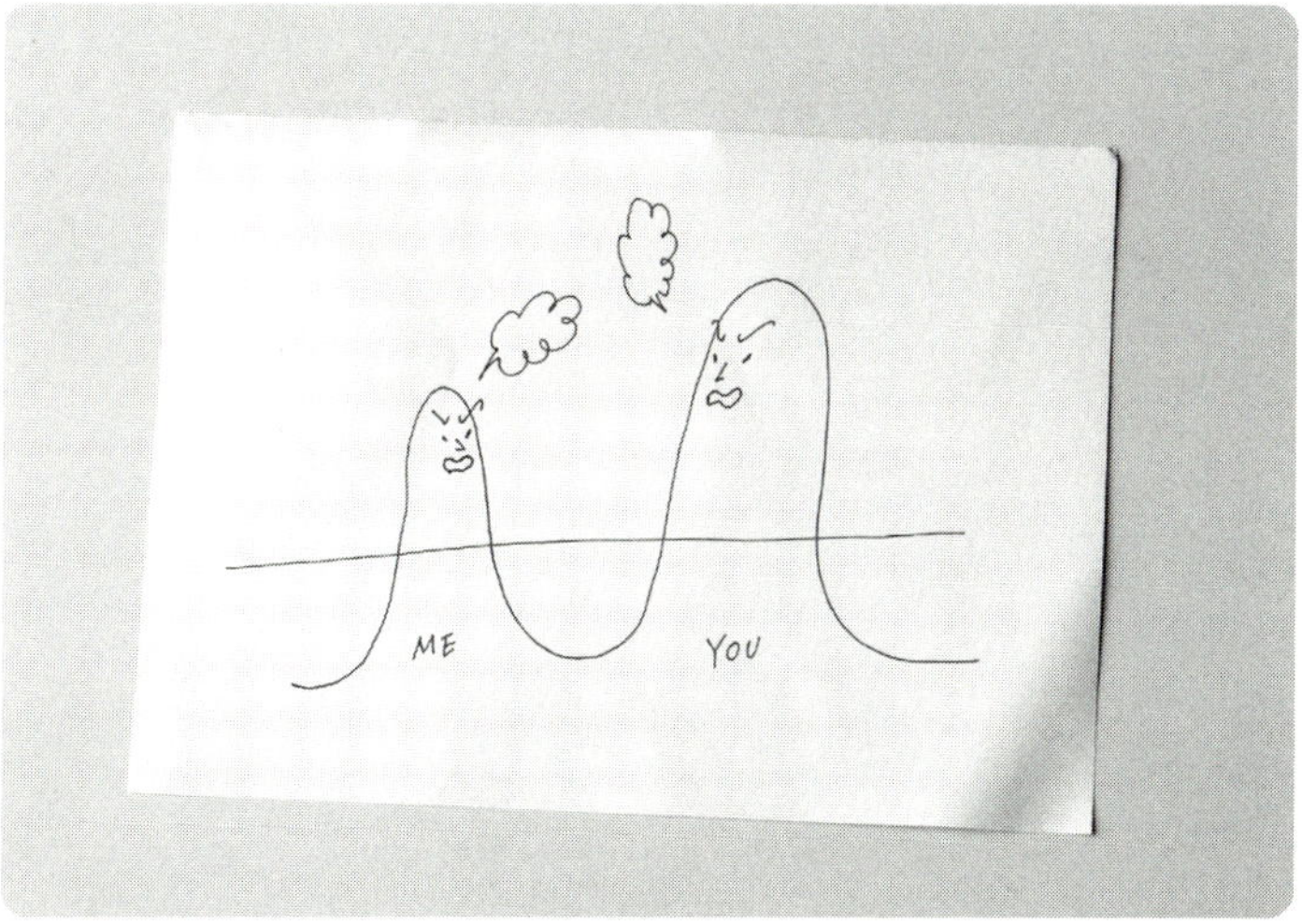

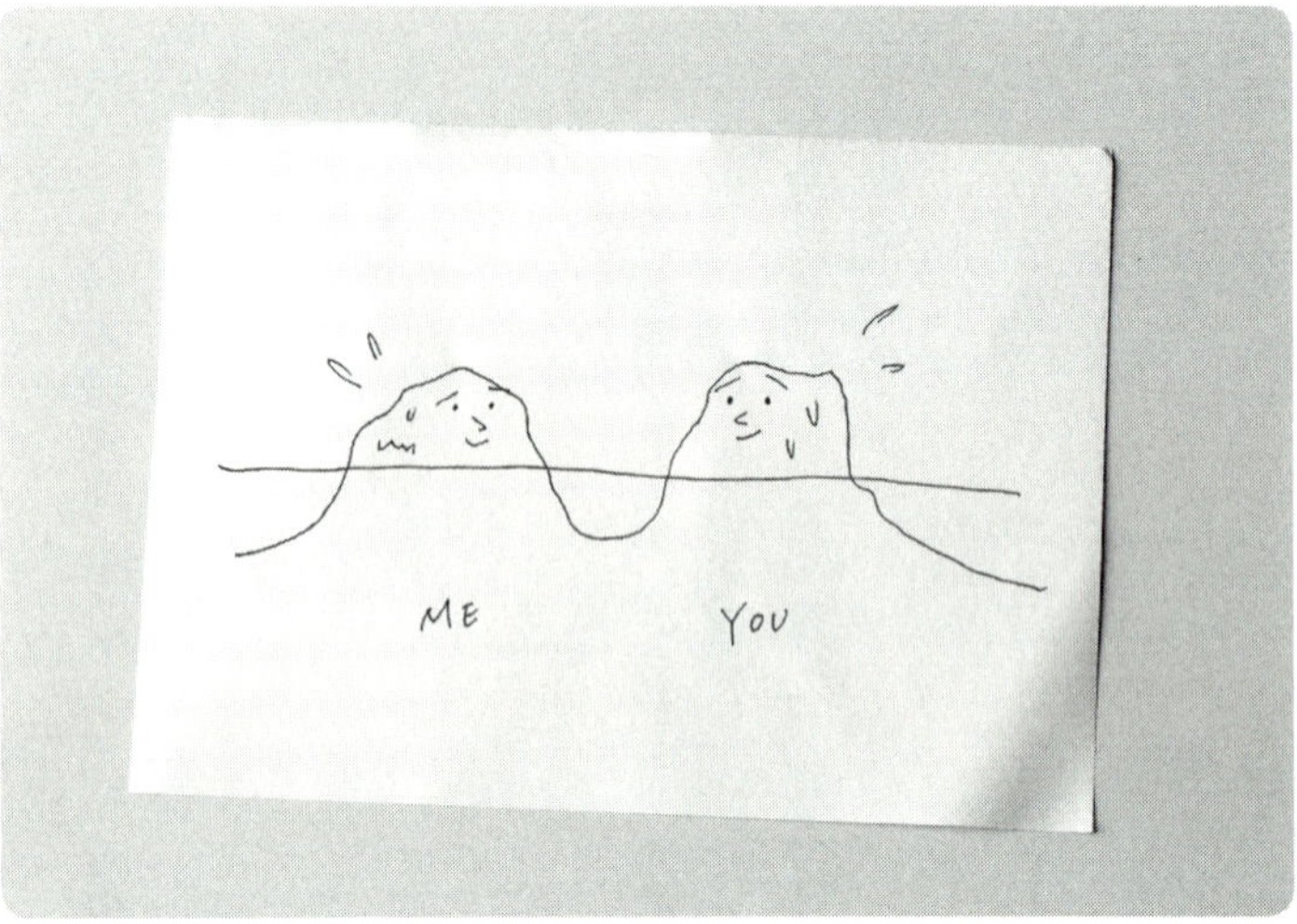

ちでいっぱいです。

私たちの本質は氷山ではなく「海」そのものです。

私（ＭＥ）とあなた（ＹＯＵ）の境界線が溶けたら、私たち（ＷＥ）は海になります。氷山を大きくするのではなく、海に溶けることこそ無限の可能性とつながる新時代の生き方です。

波に置き換えてもいい。
私たちは小さなひとつの波ではなく、海という全体であり、それこそが私たちの本質なのです。

これからは、ＭＥからＷＥの時代へ反転します。

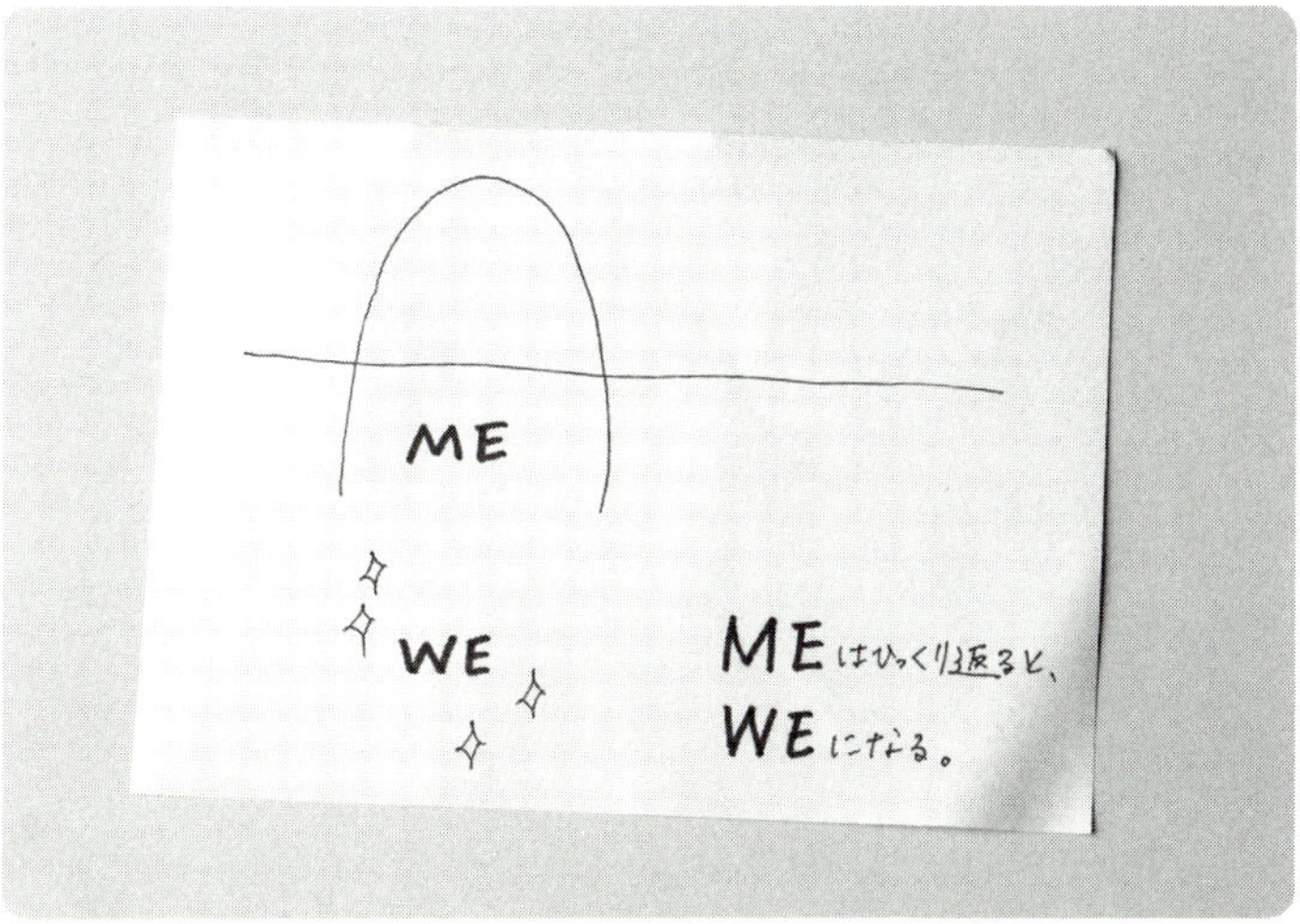

「ME」はひっくり返ると「WE」になります。

WE（ひとつであること）から、この世界を生きること、それが中庸の本質です。

ひとつであるから、「私の喜び（My Happy）」と「あなたの喜び（Your Happy）」がイコールになっていくWEの世界。

そんな世界を生きることができるとしたら、ワクワクしませんか？

WE＝My Happy ＋ Your Happy

「奇跡」とは、「愛を経験すること」。

「愛」とは、「ひとつ（海）であること」です。

レオナルド・ダ・ヴィンチもこう言っています。

「すべてのものがつながっていると気づきなさい」

あなたの認識が、あなたの世界をつくります。

「自分は砂粒のようなちっぽけな存在だ」と限られた世界で生きるか、「自分はすべてとつながる宇宙のワンダフル・ワンピースなんだ」と、大きな安心とおだやかさの中で生きるか。

あなたは、選ぶことができるのです。

では最後にあなたにやっていただきたいことがあります。

あなたの右手をあなたの頭の上にのせてください。

そして、ぐるぐるやさしく回してあげて、次のセリフを声に出して読んでください。

「よしよし。これまで本当にひとりでよくがんばってきたね。

でも、あなたはひとりじゃなかったんだよ。

すべてとつながっていたんだ。大丈夫。大安心だよ」

これぞ遠隔よしよしなり（笑）。

おまけ。

「絶対、隣のアイツ（氷山）には負けられない！」

「すみません。ボクたち、
海でした（笑）」

人間は人生から問われている存在

第二次世界大戦下の、人類史上最悪ともいわれるナチス・ドイツの強制収容所。

ここには究極の絶望がありました。

ここに入ったら最後、全員が殺される……。

「ナチスのユダヤ人狩り」では、何百万人というユダヤ人が殺されました。毎日誰かがガス室へ送り込まれます。次は、誰が選ばれるのか……。

その収容所の中に、ヴィクトール・フランクルという名の心理学者がいました。彼も「ユダヤ人である」というただそれだけの理由でナチスに捕えられていました。フランクルの愛する妻は、この時すでに他の収容所で処刑されていました……。

まさに絶望の底といえる収容所で、フランクルは悩み抜き、苦しみ抜き、何度も、何度も、何度も問い続けた。

「この絶望的な状況を生きる意味はあるのか？」と。

そして、フランクルはついに悟るのです。


私たち人間がなすべきことは、生きる意味はあるのかと「人生を問う」ことではなく、人生のさまざまな状況に直面しながら、その都度、「人生から問われていること」にただただ全力で応えていく、それだけだ、と。


人生は毎日、毎瞬、あなたに新しい問いを差し出してきます。

今、ここでその問いに応えよ、と。

そこに無心で向き合い、その状況に潜《ひそ》んでいる真の「意味」を一つひとつ発見していく。

それこそがミッション（使命）だ、と。


あなたは自分でその心臓の鼓動を鳴らしているわけではありません。つまり、あなたは生きている前に、生かされている存在だということです。だから、意味があるのかと問うのではなく、「この人生から、自分は今、何をすることを求められているのか？」と問うのです。

人間は、人生から問われている者である、と。

冒頭で、人生をパズルに例えました。

あなたが、どうなりたいかの前に、世界（パズル）のほうがあなたに差し出してくる居場所があるのです。

僕らは、そのテーマを真正面から受けて立つ必要があるんです。

僕は、入社した会社で一番やりたくない営業職に配属になりました。人見知りだったので、営業がとても苦痛でした。でも、だからこそ、会わずに伝える方法として、広告（文章）で伝える道を見出し、次第に書くことが楽しくなり今の作家につながっています。

営業の本質は「伝える」ことです。

世界（パズル）が僕に問うてきたテーマは、やりたかろうが、やりたくなかろうが、

「伝える」を磨くことだったんです。


自分の「自」という文字は、2つの読み方があります。

「おのずから」と「みずから」です。

自《おの》ずから世界（パズル）のほうからやってくる現実を、「勇気」と「思いやり」で受けて立ち、自《みずか》らの意志でピースとピースをつなげて生きるのです。


天があなたに望む「天命」を受け取り、自らの意志で命を運んでいく。

それが「運命」を切り開くということです。


フランクルは言います。

「困難に対して、どのような態度をとるかという選択の自由は、すべてを奪われてもなお、最後まで奪われなかった。心の自由は、誰からもどんな時も奪われなかった」と。

絶望の中でも心の自由は残される。絶望の中だって、人生に「ＹＥＳ」と言える。フランクルは、そのことを世界中に伝えるんだという最後の希望を胸に託し、押し寄せる絶望の日々に打ち勝ち、ついに生き延びたのです。

「あなたがどれほど人生に絶望しても、人生のほうがあなたに絶望することはない」

今日も世界（パズル）があなたに呼びかけています。
さあ、真正面から、愛で受けて立とう。

関係性が深まるたびに奇跡は起きる《小林正観先生編》

僕が、多くのものの見方を教えていただいた作家の小林正観先生。その正観先生の「悟り」の体験は、娘さんと向き合うなかで得られたものだったそうです。

正観先生が結婚されて３年、ようやく授かったお子さんが、知的障碍《しょうがい》児だったのだそう。正観先生はショックで世界から文字どおり、〝色〟が消えてしまったと言います。何を見ても白黒にしか見えなくなったのです。

待ちに待っていた子どもが知的障碍児だった……。

その事実を受け入れられない……。

半年ほどずっと辛い状態で、色のないモノクロの世界が続いたそうです。

そんなある日、新聞で、「障碍児というのは６００人に１人の確率で生まれてくる」という記事を読みました。当時、正観先生が住んでいたマンションは114世帯、およそ600人が住んでいました。

正観先生は言います。

「それまでにその建物には障碍者はいません。順番からいえば、わが家に障碍児が生まれるようになっていたと気づきました。悩みながら半年経ってわかりました。その子がわが家を選んできて良かったねと納得できました。もしよその家だったら意地悪されるかもしれない、差別されるかもしれない。しかし、わが家では私も妻も決して意地悪もしないし、差別もしないだろう。多分あたたかい目でこの子に接して育てていくだろう……そういうように考えた瞬間、これまで話してきた『不幸や悲劇は存在しない。そう思う心があるだけ』という方程式が本物になったのです」

そう事実を受け入れた瞬間、奇跡が起きたのです。

モノクロの世界にパッと色が戻ったのです。

この時の経験から、「悟り」とは「受け入れること」という正観先生の哲学が完成しました。

障碍を持つこの娘さんは、争うという概念がまったくないんだそうです。

学校に通うようになってからも、運動会のかけっこはいつもビリ。ある年、足にケガをした子がいました。でもかけっこには出るとのことで、今年はビリじゃないかもしれないと密かに正観先生は思っていたのだそう。しかし、ケガをしていたクラスメイトが転んだ時、娘さんは自分が走っていた地点から引き返し、その友だちの手を引き、ゴールまで一緒に走り、友だちの背中をぽんと押してゴールインさせたそうなんです。運動会の会場からは割れるような拍手が起きた。

この時、正観先生は、**「よその子と比べなくていいんだ。その子はその子でいいんだ」**と思ったそうです。誰かより抜きん出るようにがんばるのではなく、喜ばれる存在、人から頼まれる存在であればいいいんだと娘さんから教えてもらったのです。

そんな正観先生のもとには、たくさんの相談者が訪れたわけですが、障碍児を持つ親の相談も多かったのだとか。そして相談を受けるなかで、障碍児のいる家庭は、なぜか平均よりも少しお金持ちの家か、平均よりも少し貧乏な家か、そのどちらかで、平均の家がないことに気づいたのです。そして正観先生は、その違いに共通点を見つけました。

障碍児が生まれたことを「この子がうちに生まれてくれて良かった」と受け入れている家は、平均よりお金持ちで、反対に「何でこんな子がうちに生まれたのか」と受け入れられていない家は、平均より貧乏だったのだとか。

それで正観先生は、「障碍児は福の神なのではないか」という結論に至るのです。

受け入れたら、本当の姿（福の神）を見せてくれるのです。良いも悪いも相手のありのままをやさしく受け入れた時に、ピースとピースはきれいにはまり、奇跡が起きるのです。

本書では、僕の妻や父の事例などさまざまな例をご紹介してきましたが、このあたりで何か気づきませんか？

そうなんです。

わだかまっている人間関係は、人生に立ちふさがる「壁」ではなく、あなたを新しい世界へ誘《いざな》ってくれる「扉」なのです。

わだかまっている相手こそ、あなたの天使なのです。

受け入れられない人間関係が多いほど、人生に奇跡を起こすスイッチをたくさん持っているということです。

あなたもたくさんの奇跡スイッチを持ち、たくさんの天使たちに囲まれていそうですね。

それはそれは、良かったですね。

うちの場合も、鬼嫁こそ最大の天使でしたからね（笑）。

＝LOVE

相手の愛のカタチが見えてくると、キミとボクのピースは俄然《がぜん》、つながりやすくなります。

新潟の実家で泊まった時のことです。階下からの母の大きな声で目覚めました。普段、おだやかな母が珍しく声を荒らげているのです。僕は飛び起きて1階の居間に飛び込みました。すると、母は父とケンカしていたのです。原因は、僕の妻が贈った、僕の父への誕生日プレゼントでした。

父の誕生日に、僕の妻が贈ったお菓子を父は、そのまま弟夫妻にあげてしまったというのです。弟たちもそのお菓子がうちの妻からだということはもちろん知りません。僕の妻がせっかく父にと選んで贈ってくれたお菓子。それは今まで見たことのないような豪華なパッケージでした。

「それを中も見ずに渡すなんて、その愛を台無しにした！」と、母は涙目になり父に怒っていたのです。

これほど怒る母は見たことがなかったのですが、父も昔の話まで持ち出してお互いに泥沼のケンカになっていました。

僕は慌てて仲裁に入りました。

「とおちゃんは、それがいいものであるほど、自分じゃなくて子どもたちにあげたいんだよ。自分は何もいらないって思ってるんだ。だから、これはとおちゃんの愛なんだ。

一方、かあちゃんも僕の妻を思いやってくれてのことだから、かあちゃんも愛。愛と愛のケンカはドロー。引き分けだよ！」

すると、母の涙が止まって、真顔で僕にこう言ったんです。
「あんた！　この夫婦ゲンカのこと、本に書いていいから、そんな素晴らしいものの見方、早く読者さんに教えてあげなさい！」
さすが、うちのかあちゃん。どこまでも「ひすラー（ひすいファン）」です！（笑）
母は、父はそういう人だと改めて気づいたそうです。こうして母と父のケンカは僕が仲裁に入り3秒で終了。お昼は3人で仲良く、かあちゃんが鶏ガラからスープをとってつくったラーメンを食べたのでありました。

学校のテストというのは、答えを探す必要がありました。しかし大人になったら、もう、人生の答えを探す必要はないんです。なぜなら、答えはいつも決まっているからです。

大人の答えは……、「＝ＬＯＶＥ」
The answer is LOVE.
答えはいつも愛なんです。

「子どもの頃、お母さんに愛された記憶がない」という悩みを語られる保育士の方がいました。

「大好きだよ。愛してるよ」とお母さんから言われてみたかった。抱きしめてもらいたかった。でも、その願いは叶えられませんでした。しかし、彼女の話をよくよく聞いていると、今、保育士として一番大事にしているのは、子どもたちに心から「大好きだよ」と伝えることだと言うのです。

僕は彼女に言いました。

「子どもの頃、お母さんに『大好きだよ』って言ってほしかったけど、言ってもらえなかったからこそ、その言葉のありがたみを、あなたは世界で一番わかったと思うんです。あなたが子どもたちに伝える『大好きだよ』って言葉に言霊《ことだま》が宿ったのは、お母さんのおかげじゃないでしょうか？　そういう意味では、お母さんは、あなたが天職を生きるうえで、反面教師という愛の存在でしたよね？」

そう言うと、彼女の瞳からすーっと涙が流れました。

彼女のお母さんに対する大きな葛藤《かっとう》は、お母さんが大好きだったゆえなんです。大きな愛ゆえに、大きな葛藤になっていたわけです。

そして、彼女は自分の母に対する大きな愛に気づいた時に、幸せを取り戻しました。

「＝ＬＯＶＥ」

答えはいつも愛なんです。

犯人は愛だ！

お母さんが勉強をしない子どもにイライラするのは、子どもに幸せになってほしいからです。だから、どんなに隣の家の子が勉強しなくてもイライラしないんです（笑）。

お母さんを好きになれないと言っている人は、「お母さんに愛されたかった。愛したかった」と言っているのと同じです。

このままじゃダメだと思っている人は、本当は自分の可能性をどこかで信じているからです。

戦争している人たちだって、本当は争いのない平和を望んでいるんです。

上司の無能さに腹が立つ人は、自分なら会社をもっと良くできるって情熱があるからです。

部下のミスに怒り心頭の時は、それだけ「彼ならやれる」って部下を信頼していたからです。

あの人といると気を遣って疲れるって時は、本当はその人に嫌われたくないっていう想いがあるからです。

自分を嫌いな時に何でモヤモヤするかというと、本当は自分を好きになりたいからです。

ひどいことをされて恨んでる人は、ひどいことをされても、それでもその人を嫌いになりたくなくて、恨むところまでがんばりすぎてしまった人です。

ひどいことをされても、なお愛したかった、それこそ愛の人です。

相手の「恐れ」を見たら、パズルは決裂します。
しかし、相手の「愛」を見たら、ピースは結ばれます。

これが、ラブ&ピースです。

僕の父の話です。

父は子どもの頃から教育に厳しく、僕は中学生の頃から休日は1日8時間以上も勉強させられていて、友だちもできず、僕は父を逆恨みしていた時期がある話は先に書きました。父は、愚直《ぐちょく》なまでにまじめで、家族のことばかり考えているように見えて、僕のことなどかまわず「もっと自由に生きればいいのに」と思っていました。でも、ある日、その想いが180度変わりました。

作家になりたいと思ってセカフザ仲間に助けられてブログを開設できたのですが、そのタイミングで僕は、作家のゲーテがシャルロッテという女性にラブレターを1800通書いたのを知りました。ゲーテは1800通ラブレターを書いたから天才になれたのでは、と。そこで僕もラブレターを書くつもりで1800本ブログを書こうと思ったんです。結果、

2000本書きました。これが結果として、作家の道につながっていったのですが、何で2000本も毎日書けたかというと、父から、大嫌いな勉強すら毎日続ける根気を養ってもらっていたからです。だから、好きなことなら余裕で続けられる集中力を身につけられたのです。

僕は、仕事で結果を出さないと、父のように、まじめなだけの人になってしまうと無意識に恐れていた部分がありました。

でも、いつも家族のことを最優先に生きた父こそ、自由より、家族への愛を選んだ、かっこいい父親だったんだということに気づきました。父こそ最高の愛の人だとわかったら、仕事だけに価値を置くのではなく、家族のことを思いやる余裕が生まれました。とおちゃん、あなたの厳しさが、ひすいこたろうをつくるうえで欠かせない、かけがえのない愛でした。

父の厳しさが当時は嫌でしたが、それは僕が未来に花開くために必要な愛でした。

父は、どうしてあんなに教育が厳しかったのか？　大人になってから聞いてみたことがあります。父の答えは「そんなに厳しかったかな？」のひと言。

もう忘れていたんです。まあ人生ってそんなもんですね（笑）。

しかし、掘り下げて聞いていくうちに、意外な事実がわかりました。新潟の田舎の6人兄弟の末っ子に生まれた父は、体が弱く農作業ができないので、この子には勉強をさせようと、家族兄弟がみんな協力して父を高校まで出してくれたのだそうです。当時、父の生まれ育った田舎では、高校に行くような子はほとんどいない状況でした。だから父にとっては、勉強できるという環境がとてもうれしくて、ありがたいものだったのです。

あれだけ教育に厳しかったのは、教育のありがたみを父は誰よりも知っていたゆえの深い愛のカタチだったのです。

犯人はやはり愛でした……。


コインには必ず表と裏があるように、表が何であれ、コインの裏側はいつも愛なんです。悩みの背後にも、恐れの背後にも、動機の背後にも、そっとあなたの愛が隠れています。悩みの数だけ愛があるのです。


その愛を見れるようになったら、あなたの心は、外側の現実にあまり左右されなくなり、とてもおだやかにやさしくこの世界を見れるようになります。

すると、世界は、最初からやさしかったんだということに気づけます。

あなたの内側が外に映し出されて、あなたの現実になるからです。


もうひとつ、僕の妻の話をお伝えしますね。

彼女はきれい好きで、がさつな僕は毎日叱られていました。僕は顔を洗うとどうしても洗面所が水浸しになってしまうんです。そのたびに叱られていたわけですが、そんなに怒らなくてもいいじゃないかってケンカになっていたこともしょっちゅうだったんです。でも、何で妻がそんなに神経質なまでにきれい好きなのか、話をよくよく聞いてみると、彼女の両親は自営業で忙しく、子どもの頃から、家族で誰も掃除をする人がいなかったから、「私がしなきゃ」と思ったそうなのです。


妻はきれい好きで、いつも掃除をしています。逆に僕は、すぐに散らかすから、すごく叱られるんです。

あまりに叱られるもんだから、離婚すら考えたほどです（笑）。

でも、妻がきれい好きなのは、家族に対する愛からくる責任感だったのです。そう思ったら、できるだけ協力しようって思えました。

僕は、彼女は怒りっぽい人だと思っていたので、ケンカも絶えなかった。でも、彼女は怒りっぽい人なのではなく、家族のために部屋をきれいにすることを大切にしたい人だったのです。

やはり犯人は愛でした……。

また、彼女はすぐカーッとくるタイプで、ある日、「どうして私は、こんな小さなことでいつも息子を怒ってしまうんだろう」と反省していました。僕はこう伝えました。

「だって、あなたのお父さんがそういうタイプだったもんね。お父さんが大好きだったから、あなたにとっては怒ることが愛なんだよね」

ちなみに、妻のお父さんはもう亡くなっているんですが、妻は今も毎週、お墓参りにいっています。「父にはとてもよくしてもらったから」と。お父さんを深く愛していたゆえに、お父さんの「怒る」という愛の表現をそのまま彼女も無意識に引き継いでしまっていたわけです。

怒ることもまた愛の表現方法のひとつなので、怒ることが悪いわけではないんです。

ただ、「怒る」というワンパターンの愛の表現にかたよっていたことが問題だったのです。

愛の表現のバリエーションを増やしていけば、「Our Happy」が見えてきます。

まずは、悩みの背後にある愛に気づくことで、自分を必要以上に責めなくなり、自分にも相手にもやさしくなれる。
そのうえで、愛の表現方法（バリエーション）を増やし、相手に応じて、状況に応じて、自由に愛を表現できるようになるのが「大人の愛」です。

今、僕らの愛が大人に進化する時なのです。

人間の動機は100％愛

これまで８０００人以上の方の悩み相談を受け、話を聞かせていただいたことで、確信していることがあります。

それは、本来、人間の動機は１００％愛だということ。

人は、自分が満たされている時には、自然と、誰かの役に立ちたい、大切な人を笑顔にしたい、何かできることで貢献したい、という想いが出てきます。

ですが、自分が満たされておらず、欲しいものが手に入らない、誰も自分のことを理解してくれないという時には、動機が恐れになってしまいます。

今、多くの人が、自分探し、自分満たしをしようとしているのは、**自分が満たされることが目的なのではなく、自分を満たした先にある、誰かや何かのために生きる人生のため**だと思っています。

自分が自分とつながって、いつも心身ともに満たされているからこそ、人のために生きることが自分の喜びだと実感できる。

せっかく、人のために生きようという想いがあったとしても、自分が満たされていなければ、気づかないうちに疲弊し、自己犠牲に陥ってしまう。

自分の動機を１００％愛として生きるためには、まず自分自身が満たされること、そして、無条件に自分を愛してくれる人の存在が必要です。

もしかしたら、多くの人が「無条件に自分のことを愛してくれる人なんていないよ」って思ってしまうかもしれません。

でも、この世界には、必ずあなたのことを愛してくれている人がいます。

あなたが、まだそれに気づいていないだけ。

あなたが求めるカタチではないかもしれないけれど、不器用に、一生懸命あなたが愛されていることに気づかせようとしてくれている人が必ずいます。

そんな人たちの愛に、あなたが気づき、その愛を受け取った時、あなたの愛があなたの内側からあふれ出し、自然と周囲の人たちに浸透していきます。

私たちに備わっている「愛されたい」という気持ちの奥には、「愛したい」という気持ちが眠っています。

私たちは、「愛する」という行動を通じて、「愛される」という経験をし、最終的には、「愛し、愛される」存在として生きていくことができます。

私たちから始めましょう。
鏡は先に笑わないからです。
あなたが笑えば、鏡に映るその世界は笑ってくれます。

愛されるのを待つのではなく、
愛することを躊躇《ちゅうちょ》せず、
惜しみない100％の愛を表現する時代が今、始まりました。

おわりに　吉武大輔

大学4年生だった2008年8月8日、「ある願いごと」をしました。

「もし、本当に神様という存在がいるのであれば、どうぞ吉武大輔を使ってください。
今の自分はただの大学生で、何も特別なことはできません。
でも、この命を地球や未来のために使う覚悟ができています。
目の前に起きる、あらゆる出来事や人を全身全霊で愛していきます」

あの日から10年以上が経ち、まさかこんな人生を生きることになるとは、夢にも思いませんでした。

全国を飛び回って講師やコンサルティングの仕事をしながら、複数の法人を立ち上げ、さまざまなプロジェクトに関わり、現実世界と精神世界の橋渡しというミッションを掲げて、仲間たちと活動をする日々。

これまで一度も就職をすることなく、10年以上自営業をさせていただけているのは、今まで関わってくださったすべての方々のおかげです。改めて、この場を借りて感謝を伝えます。出会ってくれたみんな、本当にありがとう。

自分は生まれた頃から、何か特別な才能や能力を持っているわけではありませんでした。山口県の田舎で生まれた、ごく平凡な男の子です。
でも、ひとつだけ違いがあったとすれば、生きることをあきらめなかったことだと思います。

幸せってなんだろう。
生きるってなんだろう。
どうしたら、みんなで仲良く、豊かに生きていくことができるんだろう。

誰もが一度は疑問に思うことに対して、人生をかけて取り組み続けてきた結果が今の人生だと思っています。

20代半ばまで、ほとんど理解されなかった自分の世界観も、徐々に共感してくれる人たちが増えて、ずいぶんと生きやすくなってきました。

何か特別なことをしたいわけではなく、私たち人間がエゴや欲に飲まれずに、人にも、社会にも、自然にもやさしく、調和した生き方をするにはどうしたらいいのかを真剣に考え、学び、実践し続けてきたことが、今の吉武大輔をつくりました。

今回の書籍は、自分にとって2冊目になりますが、ベストセラー作家のひすいさんと、編集者の滝澤さんの力をお借りして、まとめあげた新しい時代の生き方のヒントになる1冊だと思っています。


恐れから見る世界は、モノクロの世界です。

白と黒しか見えなくて、どちらかしか選べない。

自分を優先するか、相手を優先するか。

好きなことをするか、我慢するか。

恐れから世界を見て生きている人は、依存的で、いつも葛藤しながら生きています。


一方で、愛から見る世界は、カラフルな世界です。

世界はいろんな色があって、どの色にも価値があることを楽しんでいます。

愛から世界を見て生きている人は、主体性を発揮《はっき》しながら、ご縁ある人たちと手を取り合って、ＷＥの世界の創造を楽しんでいます。

わしも、さまざまなプロジェクトを立ち上げながら、この世界を生きるために「大いなる遊び」を続けています。もし本書を読み、何かを一緒にやりたい、プロジェクトに関わりたい、こんなことを一緒にやろうよ、と思ってくださった方がいれば、気軽にメッセージをください。

あなたが得意なことをわしがプロデュースしてもいいし、わしが関わっているプロジェクトに、あなたがジョインしてくれてもうれしいです。

ＭＥから始めても、ＹＯＵから始めても、行き着くのはＷＥの世界。目には見えないけど、私たちはいつも、あらゆる存在と響き合っていて、あなたという存在は、この世界に大きな影響を与える大切な存在です。

この本を通じて、あなたと出会えて、本当に良かった。

一緒にこの世界で遊びましょう。

吉武大輔

おわりに　ひすいこたろう

うちの息子が小学生の時のこと、人の絵を描いていました。

しかし、その描き方が不思議だったのです。

人の輪郭《りんかく》を描くのではなく、背景を塗りつぶして人の姿を炙り出すように描いていたんです。僕はそれを見た時に衝撃が走りました。

その時に気づいたんです。
自分とは背景でできているんじゃないか……。
自分の周りの存在（パズル）によって、浮かび上がるものこそ、自分のカタチ（ピース）だってことです。
それが本当の自分の正体なんです。

日本語も、まさにそういう世界観でできています。

五十音表を見てください。
「ア」行から始まり、
「ワ」行にたどり着くのが日本語です。
「ア」ナタから始まり、すべてを包括《ほうかつ》して最後に「ワ」タシに至る。
キミ（あなた）とボク（私）で包まれた世界観、それが日本語なんです。

イザナミとイザナギが最初につくり出した「淡路島《あわじしま》」。まさに「ア（なた）からワ（たし）に至る路《みち》」、それがアワジ島です。
キミとボクの路。「Our Happy」ってことです。

あなたが今日まで出会った人すべてがあなたです。

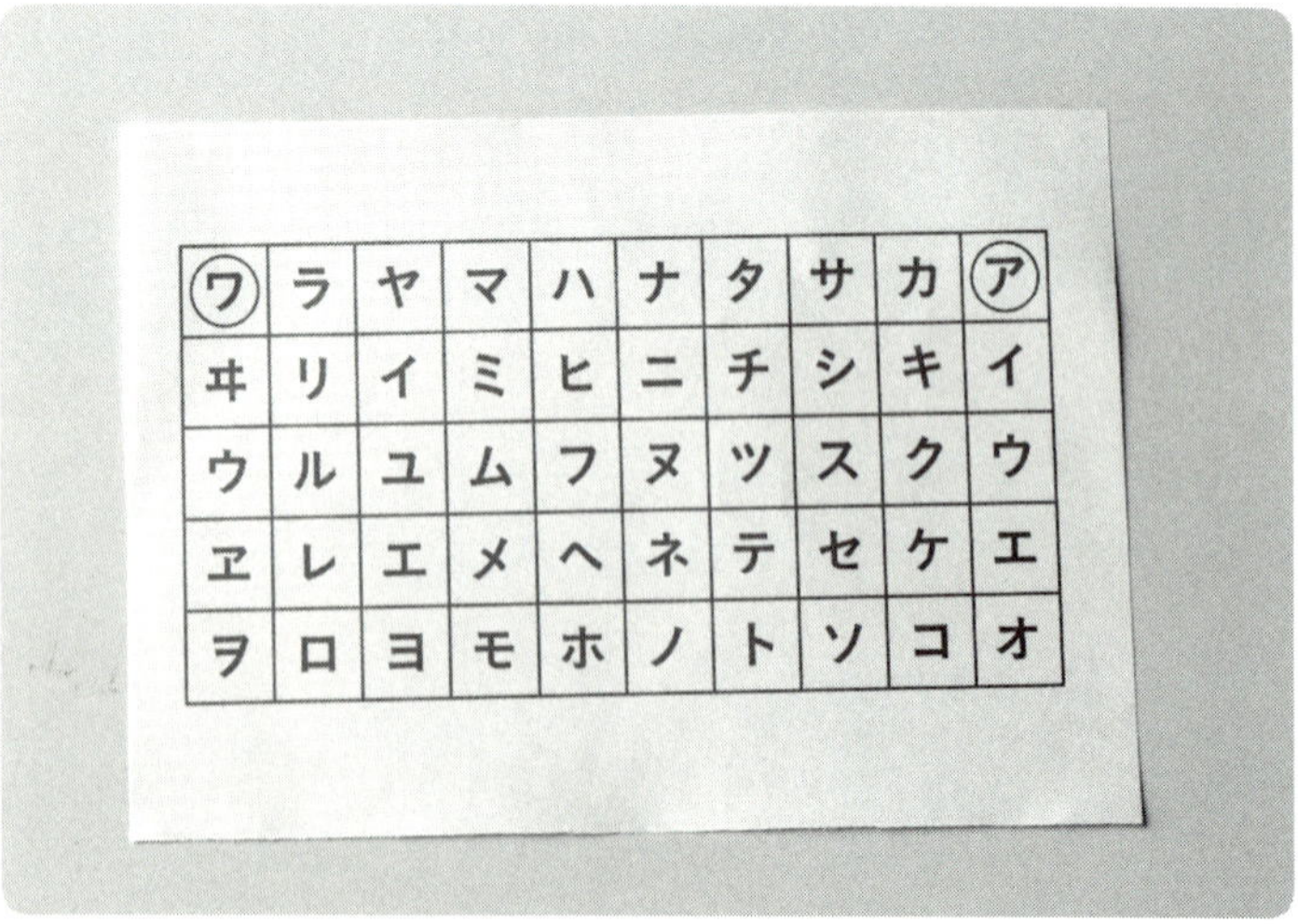

ワ	ラ	ヤ	マ	ハ	ナ	タ	サ	カ	ア
ヰ	リ	イ	ミ	ヒ	ニ	チ	シ	キ	イ
ウ	ル	ユ	ム	フ	ヌ	ツ	ス	ク	ウ
ヱ	レ	エ	メ	ヘ	ネ	テ	セ	ケ	エ
ヲ	ロ	ヨ	モ	ホ	ノ	ト	ソ	コ	オ

あなたが人生で出会う人、それはすべて、あなたという芸術作品（パズル）を彩ってくれる一員なのです。


嫌な人に会ったら、それは過去の自分だと思って、過去の自分を癒してあげるチャンスにすればいい。

憧れの素敵な人に会ったら、それは未来の自分だととらえて祝福すればいい。


あなたは、ちっぽけなピース（かけら）じゃなかった。

人生という1枚の美しい絵画の一部だった。

美しい、偉大な芸術そのものだった。

それ以上の幸せってないよね？


私たちは、人と人の「間」に生きる存在だからこそ「人間」であり、ピースとピースの「間《ま》」がずれていることを「間違い」といい、「間《ま》」が抜けていることを「間抜け」というのです。そして、「間《あいだ》」にあるものこそ「愛だ」（これはダジャレですが……）。

人と人の間《ま》をつないでパズルを完成させていくことを「ま」を「つなぐ」で、「まつり（祭り）」というのです。それが本当の「まつり」です。

個で考えるだけでは本来、人間は幸せになれないのです。だからこそ、新時代のバイブルを目指し、「関係性（パズる）の法則」をこうして大ちゃんと一緒に執筆してきました。楽しんでくれたかな？

最後に、僕が一番やりたいことをお伝えしてお別れにしたいと思います。

屋久島ツアーのイベントを一緒にやらせてもらっている、キャノン美津子《みつこ》さんは相手の体に手を触れると、体の声を聴ける特殊な才能を持つヒーラーさんです。

その彼女に、僕の体は何と言ってるのか、リーディングしてもらったことがあるんです。

僕はまず彼女にこう伝えました。

「僕がこれからやりたいことが３つあります。

１つ目は、海外に視野を向けた作品をつくっていきたいと思っているのですが、それに関して、僕の体は何と言っているんでしょうか？」

キャノンさんは僕の背中に手を触れ、体の声をリーディングすること数秒。「わかりました」と言いました。

「海外に向けて作品をつくっていきたいということですが、それに関して、ひすいさんの体は、『それは枝葉だ』と言っています」

「え⁉　海外にリーチできる作品づくりこそ、これからのメインテーマかなと思っていたんですが、僕の体は『違う』と言ってるんですか？」

「枝葉だそうです」

「では、２つ目のやりたいこと。日本の叡智《えいち》を掘り起こして世界に発信していくことこそ本流なんですね？」

「それも枝葉だって、ひすいさんの体は言っていますね」

「え？　それも枝葉⁉　じゃあ、やりたいことの３つ目の音楽や映像というのが実は本命だったんですね？」

「それも枝葉だって体は言っています」

「えーーーーーーーーー⁉　僕がやっていきたいことは３つとも全部枝葉なんですか？　では、一番やりたい本命は何だって言っているんですか？」


僕の体の答えはこうでした。

「ひとつだってことです。
ひすいさんの伝えたいメッセージは、ひとつだってこと。
すべてつながっていて、ひとつだってことです。
それが幹です。それをどう伝えるかという手段は全部、枝葉。
枝葉は、やりたいものは何でもやればいい。
ひすいさんの体はそう言っています」

それを聞いた瞬間、訳もわからず涙がこぼれました。
確かに体が反応しています。
うん。そうだ。そうだった！　僕が伝えたいの、それだった！
alone（1人）じゃない。
all one（みんなひとつ）だ。

僕は学生の頃からずっと深い深い孤独感を抱えていました。それは当時、彼女がいないからだって思っていました。それもあるだろうけど（笑）、それだけじゃなかったって、今ならわかるんです。

何でそこまで孤独感を感じていたかというと、きっとひとつであった感覚をうっすら覚えていたからなんです。だから分離している現実にあれほど違和感を感じていたんです。

この本は、超抽象概念、僕らはひとつにつながっているんだってことを、若き叡智・吉武大輔さんの力を借りて表現することに挑戦した1冊です。

ちなみに、大ちゃんにとっての「仕事の定義」って最高にかっこいいんです。

「仕事とは、一生涯付き合っていきたい人たちと、一緒にい続けるための口実」

ね？　かっこいいでしょ？

どこまでも関係性の中で、ピースとピースを結ぶために生きている男なんです。

大ちゃん、僕を一生涯付き合っていきたい仲間にしてくれてありがとね。彼と出会った時、日本の未来は明るいなってワクワクしました。若い世代は確実に進化しています。

奇跡とは愛を経験すること。

愛とはひとつであること。

言葉を超えたところで、そのことが伝わっていたらうれしいな。

ひすいこたろう

もう1人のボクであるキミへ。
最後まで読んでくれてありがとう。
では最後の最後に、キミにこの言葉を贈ろう。

ページをめくる前に、
歯を磨いて、
トイレへ行って、
心新たに
この言葉を
あなたのハートの真ん中で
受け止めてほしい。

どんなに小さくても
未熟でも
全宇宙をしょって
生きているんだ。

芸術家・岡本太郎

パズるって
そういうことだよ。
我＝即全宇宙。
自信持っていこうぜ。

ラブ&ピース。ひすいこたろうでした。

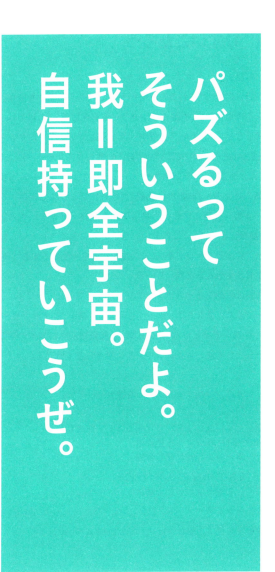

ひすいこたろう

作家、幸せの翻訳家、天才コピーライター。

「視点が変われば人生が変わる」をモットーに、ものの見方を追究。衛藤信之氏から心理学を学び、心理カウンセラー資格を取得。『3秒でハッピーになる名言セラピー』（ディスカヴァー・トゥエンティワン）がディスカヴァー MESSAGE BOOK 大賞で特別賞を受賞しベストセラーに。他にも『あした死ぬかもよ？』（ディスカヴァー・トゥエンティワン）、『世界一ふざけた夢の叶え方』『前祝いの法則』（ともにフォレスト出版）などベストセラー多数。近著にはおバカな息子の名言集『できないもん勝ちの法則』（扶桑社）がある。「この星のドラえもんになる！」という旗を掲げ日夜邁進。四次元ポケットから、この星をめっちゃ面白くする「考え方」を取り出すドラえもんを目指している。

好きな食べ物は、納豆チャーハンとコンニャクとコーヒーゼリー。

本書を読んでくれたあなたは、ぜひ『名言なぞり書き 50音セラピー』（世界文化社）を読んでほしいな（2019年11月発売）。『パズるの法則』を別の角度から、日本語の世界観の中で解き明かした1冊です。

●オンラインサロン「ひすいユニバ」を運営し、
毎月2回スペシャルレクチャーを配信中。

●自己啓発系お笑いユニット「グリーンズ」を結成し、
YouTubeで毎日10分ネタを更新中。

（「グリーンズチャンネル」ぜひ登録して聞いてみてね）

●メルマガ「3秒でHappy? 名言セラピー」
（「まぐまぐ　名言セラピー」で検索）

●ひすいこたろうオフィシャルブログ　http://ameblo.jp/hisuikotarou/

●ラジオ番組「名言ラジオセラピー」「We have a dream!」

吉武大輔（よしたけ・だいすけ）

作家、次世代リーダーの幕賓、経営学修士（MBA）。
IMAGINE INC. 最高経営責任者（CEO）、一般社団法人アクセスリーディング協会 代表理事、7つの習慣®アカデミー協会 認定ファシリテーター。

1986年、山口県生まれ。18歳の時に英語の教員を目指して上京するも、大学在学中の2000人以上の人との出会いをきっかけに、卒業後1年間の準備期間を経て起業。世界No.1マーケッター、ジェイ・エイブラハムのマーケティング理論、ランチェスター戦略、ドラッカー理論、7つの習慣、経営学修士（MBA）など現実的成果を生み出す経営戦略と、スピリチュアル、陽明学、九氣方位学、奇跡のコース、エネルギーワークなど精神世界と呼ばれる領域の両方を幅広く探求し、現実と精神を融合した独自のビジネス理論、リーディング手法を確立。次世代リーダーの幕賓として、日本全国にクライアントを持つ。過去の累計相談件数は8000件を超え、売上規模、業種業界、個人法人問わず、幅広いビジネスやコミュニティに関わりながら、現実世界と精神世界の橋渡しをミッションに全国で講師・講演活動を行っている。目に見えない世界や抽象的な概念をわかりやすくかつ論理的に説明し、マーケティングを中心とした経営戦略を設計することを得意とする。座右の銘は、Everything's gonna be alright.

●新しい今をつくるオンラインサロン「IMAGINER」
●吉武大輔 公式メディア「天 /AMA」 http://daisuke-yoshitake.com/
●吉武大輔 LIBRALY http://dilm.jp/
●宇宙からの源泉掛け流し「銀河の湯」
● podcast 番組「この世界を生きるために」

【編集協力】
ひすいブレーン　ミッチェルあやか

【参考文献】
『お金と仕事の宇宙構造 長者さま養成講座』小林正観（宝来社）
『宇宙方程式の研究　小林正観の不思議な世界』小林正観　山平松生（風雲舎）
『見る見る幸せが見えてくる授業』ひすいこたろう（サンマーク出版）
『夜と霧　ドイツ強制収容所の体験記録』ヴィクトール・E・フランクル著　霜山徳爾訳（みすず書房）

日本音楽著作権協会（出）許諾第1910800-901号

パズるの法則《ほうそく》　奇跡《きせき》は常《つね》に2人以上《いじょう》

2019年11月5日　第1刷発行

著　者　　ひすいこたろう　吉武大輔《よしたけだいすけ》

発行者　　佐藤 靖

発行所　　大和《だいわ》書房
東京都文京区関口1-33-4
電話03(3203)4511

アートディレクション　宮崎謙司（lil.inc）
デザイン　高橋正志　長谷川弘仁　成瀬晴康（lil.inc）
写真　瀬谷忠宏（meganecco photography）
イラスト　イキウサ

本文印刷　厚徳社
カバー印刷　歩プロセス
製本　小泉製本

ISBN978-4-479-77219-4

http://www.daiwashobo.co.jp